Thorsten Dietz

Weiterglauben

Thorsten Dietz

WEITER GLAUBEN

Warum man einen
großen Gott
nicht klein denken kann

Brendow

MIX
Papier
FSC FSC® C083411

Bibliografische Information der Deutschen Nationalbibliothek
Die Deutsche Nationalbibliothek verzeichnet diese Publikation in der Deutschen Nationalbibliografie; detaillierte bibliografische Daten sind im Internet über http://dnb.d-nb.de abrufbar.

4. Auflage 2020
ISBN 978-3-96140-018-8

Einbandgestaltung: Brendow Verlag, Moers
Titelfoto: fotolia tets
Satz: Brendow Web & Print, Moers
Druck und Verarbeitung: CPI – Clausen & Bosse, Leck
Printed in Germany

www.brendow-verlag.de

Inhalt

Meinen Töchtern
Miriam Dietz, Theresa Dietz, Elisa Dietz

Vorwort

Im Mai 2016 habe ich erstmals bei Worthaus e. V. als Referent mitgearbeitet und zwei Vorträge über Martin Luther gehalten. Worthaus ist ein Projekt, das theologische Vorträge über zentrale Aspekte des christlichen Glaubens im Internet zur Verfügung stellt. Anschließend hatte ich in den letzten beiden Jahren viele Gespräche mit Menschen, die sich durch Beiträge von Worthaus sehr bereichert fühlten. Gleichzeitig sind bei mir auch eine Reihe von Rückmeldungen angekommen von Gläubigen, die sich durch diese Impulse verunsichert fühlen, teilweise auch verletzt und verärgert.

Im Herbst 2017 erschien ein vielgelesener Blog-Artikel mit dem Titel: *Worthaus – Universitätstheologie für Evangelikale?*[1] Dort hieß es schon in der Einleitung: „Worthaus macht universitäre Theologie populär – auch unter Evangelikalen." Das war nicht als Kompliment gemeint. Ich denke aber, man müsste das zuerst auch als ein solches lesen. Es ist alles andere als einfach, wissenschaftliche Theologie unter Christen populär zu machen. Genau das aber ist vor allem Prof. Dr. Siegfried Zimmer und anderen in den letzten Jahren gelungen. Die Beiträge bei Worthaus werden durchweg von Zehntausenden Christen gehört, teilweise von Hunderttausenden, die in vielen Vorträgen eine wesentliche Hilfe für ihren Glaubensweg finden. Dafür gibt es offensichtlich eine Nachfrage. Die hier versammelten Beiträge setzen sich ebenfalls ein solches Ziel: theologische Erkenntnisse möglichst verständlich zu vermitteln.

1 http://blog.aigg.de/?p=3594.

Insgesamt ist nicht zu überhören, dass manche Christen erhebliche Anfragen an die moderne wissenschaftliche Theologie insgesamt haben. Das ist ihr gutes Recht – Theologinnen und Theologen sollten genau hinhören, auch, wo sie bisweilen recht pauschal kritisiert werden.

Nun ist es so: Die Universitätstheologie hat keine Mailadresse. Niemand kann sich anmaßen, im Namen der Theologie jede mögliche Frage zu klären. Auch innerhalb der Theologie gibt es viele kontroverse Diskussionen. Aber vielleicht gelingt es ja, manche heiße Debatte unter Christen dadurch etwas zu versachlichen, dass man sie differenziert aufgreift. Manche Beiträge dieses Buches sind aus solchen Diskussionen heraus entstanden. Andere gehen zurück auf eine Reihe von Vorträgen, die ich im Laufe des letzten Jahres gehalten habe.[2]

Vielleicht hilft insgesamt ein Bild aus der Landwirtschaft, um meine Absicht mit diesem Buch deutlich zu machen.[3] In der industriellen Landwirtschaft gab es einen langfristigen Trend zum Anbau in Monokulturen. Die Konzentration auf ein einziges Saatgut ermöglicht die kurzfristig effektive Konzentration der Arbeitsabläufe und erhebliche Ertragssteigerungen. Auf Dauer zeigt sich jedoch mehr und mehr, dass ein solches Verfahren für den Boden wie auch für die Pflanzen (durch vermehrten Schädlingsbefall) und die Umwelt insgesamt ruinös werden kann. Die

---

2 Kapitel 2 geht teilweise zurück auf eine Predigt in den Gemeinden ICF Basel und Vineyard Basel. Kapitel 3 wurde entwickelt aus einem Vortrag auf dem Next-Plus-Jugendtreffen 2017, wie es gemeinsam vom Deutschen EC-Verband und TABOR ausgerichtet wird. Kapitel 5 wurde teilweise erarbeitet für einen Vortrag beim Jesus-Treff-Stuttgart 2018, Kapitel 6 war im Grundriss eine Vorlesung auf der Jahrestagung 2017 der Deutschen Bibelgesellschaft in Wittenberg. Kapitel 9 schließlich verarbeitet eine Grundidee, die ich erstmals auf dem Dynamissio-Kongress in Berlin 2017 vorgetragen habe.

3 Die Idee verdanke ich Jörg Steck, Vorstandsmitglied bei Worthaus e.V.

viel gesündere Entwicklung zeigt sich in einem Mischanbau. Mehrere Pflanzenarten werden zusammen angepflanzt. Was zunächst mehr Mühe macht, erweist sich auf die Dauer als nachhaltiger.

Übertragen wir das Bild auf das Christentum: Es gibt globale Trends zur spirituellen Monokultur. Immer mehr Gemeinden und Kirchen entwickeln ein eindeutiges Profil, in Lehre, Musikstil und Lebensgefühl gewinnt alles eine klare und konsequente Handschrift, sei es liberal, evangelikal, charismatisch etc. Natürlich haben gewisse Konzentrationen ihr Recht und ihre besonderen Chancen. Und doch steigern solche Profilierungen auf Dauer die Gefahr der Vereinseitigung. Gegenseitige Bereicherung fällt aus, genauso wie wechselseitige Kritik. In diesem Buch werden Prozesse der Polarisierung untersucht und beschrieben mit der Absicht, die Brücken, die Übergänge und Verbindungstunnel zwischen den Lagern zu pflegen und zu stärken. Unterschiedliche Frömmigkeitsstile brauchen einander zur Ergänzung, verschiedene Phasen des Glaubens können auch zeitversetzt nebeneinander bestehen, so manche notwendige Auseinandersetzung könnte verständnisvoller und gründlicher geführt werden.

Für freundliche Ermutigungen und kritische Ermahnungen danke ich den Marburger Freunden Michael vom Ende, Tobias Faix, Frank Lüdke und Jürgen Mette. Mit Hinweisen und Korrekturen haben sich Jakob Kimpel und Daria Prinke verdient gemacht.

I. Im Sog der Polarisierungen

1. Wachstumsschmerzen

Im Glauben wachsen – das wollen alle Christinnen und Christen.[4] Niemand möchte unreif, naiv oder unmündig glauben. Manche würden das so nicht formulieren, sie würden sagen: Glaube ist für mich aber kindliches, naives Vertrauen auf Gott. Aber genau von dieser Haltung möchten sie gerne durch und durch bestimmt sein. Christen haben Sehnsucht nach mehr Tiefe oder nach mehr Weite. Manchmal bringen solche Entwicklungswege ungeahnte Wachstumsschmerzen mit sich. Denn Christenmenschen können sich in unterschiedliche Richtungen entwickeln. Für die einen bedeutet Wachstum im Glauben eine immer konsequentere Umsetzung ihres Glaubens in allen Lebensbereichen. Für andere besteht Wachstum nicht zuletzt auch darin, eigene Glaubensüberzeugungen selbstkritisch hinterfragen zu können. Manche Christen wollen raus aus dem, was sie im Rückblick auf ihr bisheriges Glaubensleben als Enge empfinden. Sie haben das Gefühl, viel zu viele Fragen unterdrücken zu müssen, und leiden unter der Sprachlosigkeit in ihren Gemeinden. Andere sind betroffen über solche Ausbruchsversuche. Sie fühlen sich durch solche Formulierungen angegriffen und missverstanden.

4 Vgl. aktuelle Veröffentlichungen wie Andreas Boppard, Neuländisch. In die Weite glauben, Holzgerlingen 2018. Michael Herbst, Lebendig. Vom Geheimnis mündigen Christseins, Holzgerlingen 2018.

Aus ihrer Sicht sollte man nicht von Weite reden, wo man die enge Pforte breit machen möchte. Sie weisen den Vorwurf zurück, dass diejenigen, die den schmalen Weg gehen wollen, eine Verengung des Glaubens betreiben. Es geht ihnen nicht um Enge, sondern um Treue und Verbindlichkeit. Was für die einen Wachstum ist, empfinden andere als Verhärtung oder Verfall. Derselbe Glaube erscheint einigen als fest, anderen als eng. Was die einen Freiheit nennen, ist in den Augen der anderen Beliebigkeit.

Solche gegenläufigen Entwicklungen können Gemeinden oder auch ganze Glaubensgemeinschaften lähmen. In wohl allen Religionsgemeinschaften gibt es heute unterschiedliche Vorstellungen von Glaubenswachstum. Die vatikanischen Familiensynoden 2014-15 haben gezeigt, dass der Umgang mit Ehe und Familie in der römisch-katholischen Kirche strittiger ist, als es das Selbstbild der einen Kirche zulässt. Fragen der Sexualethik oder der Ordination von Frauen lassen die anglikanische Weltkirchengemeinschaft seit vielen Jahren erhebliche Auseinandersetzungen erfahren. Im Herbst 2017 kam es auf der Synode der Evangelischen Amtskirche in Württemberg zu großen Spannungen, ob es eine Segnung von gleichgeschlechtlichen Paaren geben darf oder nicht. Ein Ende dieser Polarisierungen ist nicht abzusehen.

Christen driften auseinander. Diese innerchristlichen Konflikte sind eingebettet in umfassendere Auseinandersetzungen in der heutigen Gesellschaft. Nach dem Ende des Kalten Krieges (1989/91) riefen manche ein postideologisches Zeitalter aus. Das Wiederaufflammen ethnischer und militärischer Konflikte auf dem Balkan erschien wie ein letztes Aufbäumen alter Dämonen, die Europa viel zu lange im Griff hatten. Viele träumten nun von einer Konsensgesellschaft, einer neuen Mitte, in der die alten ideologischen Grabenkämpfe des 20. Jahrhunderts überwunden werden sollten. Nicht mehr links oder rechts wollten viele sein, sondern vorne, pragmatisch und zukunftsorientiert. Politiker wie Tony Blair, Gerhard Schröder und Bill Clinton verkörperten um das Jahr 2000 diesen Anspruch der Integration in der politischen Mitte.

Auch im Christentum lassen sich Parallelen zu diesem Trend finden. Die konfessionellen Streitigkeiten der Vergangenheit wurden mehr und abgelöst durch einen Geist des Dialogs. Die weitgehende Einigung in Fragen der Rechtfertigungslehre im Jahr 1999 macht dies deutlich. In der evangelikalen Welt gelang in Deutschland eine Versöhnung von pfingstlich-charismatischen Christen mit Pietisten und Freikirchlern, etwas, das wenige Jahrzehnte früher undenkbar gewesen wäre. Die Evangelische Allianz verstand sich als eine Einigungsbewegung. Inzwischen hat sich der Wind gedreht. In vielen Bereichen der Gesellschaft ist heute die Sehnsucht nach Profilbildung erheblich größer als die nach Konsensfindung. Nicht die Integration aller Flügel, sondern die Polarisierung der Lager bestimmt in vielen Bereichen dieser Welt die politische Öffentlichkeit. Auf entsprechende Beispiele in der christlichen Welt wurde am Anfang verwiesen.

Der Titel dieses Buches, *Weiterglauben*, markiert diese Spannung: Die einen sehnen sich nach mehr *Weite* im Glauben; andere empfinden solche Weite als Auflösung, sie wollen am *Glauben* weiter festhalten. „Weiter“ lässt sich temporal und lokal verstehen: lokal im Sinne von mehr Weite, Flucht aus der Enge, aber eben auch temporal, weiter im Sinne von weiterhin glauben, den Glauben nicht verlieren wollen. Dieses Buch handelt von der Frage, ob und wie beides gelingen kann.

2. Die Freischwimmer-Debatte

Der durch das evangelistische Projekt *Jesus House* in weiten Kreisen als Evangelist bekannt gewordene Torsten Hebel hat mit seinem Buch *Freischwimmer* keine typische, im pietistisch-evangelikalen Milieu beliebte Beschreibung seines eigenen Lebensweges vorgestellt.[5] Klar und unverblümt berichtet Hebel, wie er an vielen Gewissheiten seines bisherigen Lebens zu zweifeln begann und im Begriff war, sich vom christlichen Glauben insgesamt zu verabschieden. Erst im Laufe dieses Buchprojekts gelingt es ihm, im Gespräch mit christlichen Freunden und Wegbegleitern, einen neuen, für ihn stimmigen Zugang zum Christentum zu finden. Nun dürfte es niemanden verwundern, dass Hebel mit einem solchen Buch Irritationen in Kreisen auslöste, von denen er sich zunehmend entfernt hatte. Als Evangelist hatte Torsten Hebel einen starken Einfluss auf viele junge Menschen, von denen etliche seine Verkündigung als entscheidenden Anstoß zum christlichen Glauben ansahen. Was bedeutet das für den eigenen Glauben, wenn derjenige, dessen Vorbild und Verkündigung man Entscheidendes verdankt, sich von wichtigen bisherigen Überzeugungen distanziert?

Jürgen Schuster, Professor für Interkulturelle Theologie an der Internationalen Hochschule Bad Liebenzell, hat Hebels Beschreibung seiner eigenen Entwicklung aus theologischer Perspektive gewürdigt.[6] Schuster sieht in Hebels Weg zunächst eine nachvollziehbare, auch unter jungen Christen häufige Entwicklung. Hebel hat auf seinem Glaubensweg bemerkt, dass die Art

---

5 Torsten Hebel, Freischwimmer: Meine Geschichte von Sehnsucht, Glauben und dem großen, weiten Mehr, Witten 2015.

6 http://theologische-beiträge.de/fileadmin/theo/downloads/Schuster_Juergen_-_Langfassung_ThBeitr_48_2017_H6.pdf.

zu glauben, die er in seiner Jugend kennengelernt und in seinem Studium vertieft hat, für ihn so nicht mehr passt. Das ist keine ungewöhnliche Erfahrung. Das geht vielen Gläubigen in einem bestimmten Alter so.[7] Für viele Menschen ist eine solche Entdeckung der Anlass, sich von ihrem Glauben zu distanzieren. Sie setzen ihre frühere Glaubensweise mehr oder weniger gleich mit dem christlichen Glauben als solchem – und verabschieden diesen. In ihrer Studie „Warum ich nicht mehr glaube" haben Tobias Faix, Martin Hoffmann und Tobias Künkler eine ganze Reihe solcher Erfahrungen dokumentiert. Im Grunde weiß es jeder: Seit Jahrzehnten befindet sich in den Kinder- und Jugendkreisen christlicher Gemeinden und Werke ein Vielfaches der Menschen, die später im Erwachsenenalter ihren Glauben bewusst leben und sich zu einer Gemeinde halten. Es wird sehr viel investiert in Formate, die Menschen zum Glauben einladen. Trotzdem gibt es auch unter den missionarischen Zweigen des Christentums, den Freikirchen, Gemeinschaften etc. seit vielen Jahren kein nennenswertes Wachstum, sondern weitgehend eine Umverteilung der Gläubigen von weniger attraktiven zu attraktiveren Bewegungen und Gemeinden. Weil zu wenig in Evangelisation oder Jugendarbeit investiert wird? Nein, sondern nicht zuletzt deswegen, weil sehr viele Menschen, die in bestimmten Lebensphasen gewonnen werden, mit der Zeit wieder aussteigen. Das Thema Weiterglauben sollte gerade missionarische Christen interessieren.

Insofern ist für Schuster die Lebensgeschichte von Torsten Hebel bemerkenswert und ermutigend. Denn Hebel gelingt es im Gespräch mit FreundInnen und Vorbildern, nicht einfach

---

7 Vgl. Tobias Faix, Martin Hofmann, Tobias Künkler: Warum ich nicht mehr glaube: Wenn junge Erwachsene den Glauben verlieren, Witten 2014.

den christlichen Glauben insgesamt hinter sich zu lassen, sondern eine bestimmte Gestalt desselben. Er findet einen anderen neuen Zugang zu Jesus Christus und entwickelt allmählich einen Umgang mit dem christlichen Glauben, der für ihn stimmig ist. Diese Entwicklung deutet Schuster mit Hilfe des Konzepts unterschiedlicher Basismentalitäten, wie es in der soziologischen Lebensweltforschung entwickelt wurde und wie es Heinzpeter Hempelmann für die Theologie fruchtbar gemacht hat. In seiner früheren Lebensphase war Hebel durch ein Denken geprägt, das die Soziologen traditionsorientiert bzw. prämodern nennen:

> „Dort hat er den christlichen Glauben stark dogmenorientiert erlebt und verinnerlicht. Er war überzeugt von einer hermeneutischen Eindeutigkeit biblischer Texte und christlicher Lehre. [...] Es zeigte sich je länger je mehr, dass sein Glaube, der im Kontext eines traditionsorientierten Mindsets geprägt war, nicht mehr zu anderen Aspekten seines Lebens und Denkens passte. Mit anderen Worten, die Diskrepanz zwischen der Denkweise und Formatierung seines christlichen Glaubens einerseits und den Denkmustern und Begründungszusammenhängen der übrigen Bereiche seines Lebens, wurde zunehmend zum Problem.“[8]

Einen neuen Zugang zum Christentum findet Hebel dadurch, dass er Glaubensweisen kennenlernt, die stärker beziehungsorientiert, erfahrungsoffen und dialogisch eingestellt sind, sprich: die dem postmodernen Mindset stärker gerecht werden, das für sein sonstiges Leben prägend geworden ist. Grundsätzlich ist das für Jürgen Schuster eine lehrreiche und im Ansatz vorbildliche

8 A.a.O., 11-12.

Entwicklung: „Ich gehe weiterhin davon aus, dass vielen Christen aus traditionsorientierten Gemeinden ähnliche Auseinandersetzungen bevorstehen bzw. bevorstehen können.“[9]

Und zugleich wirft ein solcher Weg Fragen auf. Denn eine solche postmoderne Glaubensweise verhält sich zur prämodernen Frömmigkeit nicht einfach wie Reife zu Unreife. Zu Recht weisen manche Christen darauf hin, dass konservative Glaubensvorstellungen nicht einfach als Zeichen kultureller Rückständigkeit gewertet werden können. Gar nicht so wenige verbinden einen z.B. modernen Musikgeschmack und gehobene Bildung mit traditionellen Familienwerten und konservativer theologischer Lehre.

So unbestreitbar das ist: Für andere Christen entstehen an solchen Ungleichzeitigkeiten Spannungen. Es wird nicht nur Unterschiedliches geglaubt, sondern vor allem auch auf unterschiedliche Art und Weise. Und was Torsten Hebel erfahren hat, ist eine Art Wechsel des Glaubensstils. Mindestens im Ansatz sollte man versuchen, unterschiedliche Glaubensstile zunächst einmal genau wahrzunehmen und zu beschreiben. Vielleicht hat ja jede Glaubensweise ihre Vorzüge und Chancen, zugleich aber auch ihre Risiken. Jürgen Schuster geht in seiner Analyse von der Einsicht aus, dass es den christlichen Glauben nie in Reinform gibt, sondern immer in einem ganz bestimmten kulturell geprägten Stil. Die entscheidende Herausforderung ist stets eine doppelte, nämlich, eine Glaubensform zu finden, die einerseits wirklich in eine bestimmte Kulturform eingeht und die andererseits dem biblischen Evangelium gerecht wird.

Eine solche Deutung des Weges von Torsten Hebel, und überhaupt der ganze Ansatz der Basismentalitäten, hat auch Kritik auf

9 A.a.O., 11.

sich gezogen.[10] Für manche ist eine solche Deutung selbst schon ein Zeichen postmoderner Auflösung des klassischen Wahrheitsverständnisses. Führt die Unterscheidung solcher grundverschiedener Denkweisen nicht dazu, dass die Auseinandersetzung um die Wahrheit unmöglich wird?

Torsten Hebels Buch *Freischwimmer* hätte in der evangelikalen Welt den Anstoß zu wichtigen Fragen geben können. Wie gehen wir damit um, dass so viele Menschen den intensiven Glauben ihrer Jugend irgendwann als Verirrung hinter sich lassen? Wie reagieren wir auf die Beobachtung, dass viele sagen: Für echte Zweifel, kritische Fragen, gar für Neuorientierungen in manchen Fragen ist in vielen christlichen Kreisen kein Raum? Viele Fragen sind schlicht tabu. Jeder weiß: Wenn ich dieses Thema aufwerfe, geht es nicht um dieses Thema, sondern darum, ob ich noch dazugehöre, ob ich noch Mitarbeiter sein kann etc. Was können wir lernen von denen, die nach einer Phase des Zweifels oder des Bruchs mit ihrer bisherigen Frömmigkeit neu glauben gelernt haben? Welche Atmosphäre ist wichtig, dass sich Menschen ohne Angst auf solche Wege machen können?

Zu einer intensiven Beschäftigung mit solchen Fragen kam es nach meiner Beobachtung kaum. Wo es eine Freischwimmer-Debatte gab, standen vielmehr andere Fragen im Raum: Wie kann ein evangelikaler Verlag es wagen, ein solches Buch zu veröffentlichen? Wie konnte es überhaupt geschehen, dass man einem solchen Mann eine so große Bühne in vielen bibeltreuen Werken gegeben hat? Wie kann man solche Christen, wie sie in die-

---

10 Vgl. vor allem Harald Seubert, Wahrheit in Zeiten der Postmoderne. Replik auf Heinzpeter Hempelmann, ThB 49 (2018/1), 36-44. Siehe auch: Gerrit Hohage: Was ist Kultur? Was ist Theologie? (In 2 Teilen auf Biblipedia.de.) Stefan Felber: Der Weg in und durch die Postmoderne – und die Antwort der christlichen Verkündigung: https://www.stefan-felber.ch/publikationen.

sem Buch zu Wort kommen, jetzt noch in missionarische Werke einladen? Wie können Theologen aus dem Bereich pietistischer bzw. evangelikaler Ausbildungsstätten auf die Idee kommen, eine solche Entwicklung eines ehemaligen Evangelisten gutzuheißen und sie als hilf- und lehrreich zu verteidigen?

3. Zarathustra und sein Schatten

An vielen Stellen ist zu beobachten, dass wichtige Debatten über aktuelle Herausforderungen überlagert werden von einem regelrechten Sog der Polarisierung. In diesem Sog geht es nicht mehr um das nähere Verständnis der Sachfragen, sondern sofort um: Dieses Denken führt in die Irre bzw. ist das einzig mögliche; so zu fragen ist „liberal" bzw. „fundamentalistisch"; wer so etwas befürwortet, gehört nicht mehr dazu bzw. muss ausgeschlossen werden etc. Wie kommt es zu dieser Logik der Polarisierung?

Weit verbreitet ist die Diagnose: Eine solche der Logik der Polarisierung gilt als typisch für das, was man Fundamentalismus nennt. Gemeint ist damit die Vorstellung, dass es nur zwei konsequente Haltungen gibt, zwei Lager, zwei Richtungen. Solch fundamentalistisches Denken breite sich aus und mache zunehmend alle produktiven Gespräche unmöglich.

Das Problem ist nun folgendes: Fundamentalismus ist keine wertfreie Beschreibung. Wer Fundamentalismus sagt, möchte die Alarmanlagen seiner Hörer anschlagen lassen. Natürlich kann man sagen, dass Idealtypen wie fundamentalistisch, modern oder postmodern in der soziologischen Betrachtung neutral verwendet werden, nicht abwertend oder verurteilend, sondern beobachtend und beschreibend. Aber die Schwierigkeit ist offenkundig: Es ist eine typisch moderne Herangehensweise, wissenschaftliches Denken als einen eigenen Weltzugang zu verstehen, bei dem man seine Wörter so verwendet, wie man sie definiert hat. In der Lebenswelt der meisten Menschen sind diese Begriffe jedoch keineswegs neutral. *Prämodern* klingt nach überholt und verstaubt, *fundamentalistisch* nach böse und gefährlich. Die öffentlichen Warnungen vor dem Fundamentalismus funktionieren nicht selten nach derselben Logik, die man „dem Fundamentalismus“ eigentlich vorwirft: hier die moderne, aufgeklärte, fortschrittliche Weltgemeinschaft – dort die bösen Fundamentalisten, die uns alle ins Unglück stürzen. So aber befördert man genau das Denken, von dem man sich eigentlich abgrenzen möchte.

Sehen wir also näher hin? Was ist gemeint mit Fundamentalismus? Ursprünglich handelt es sich bei diesem Wort um eine konservativ-christliche Begriffsprägung. Im 20. Jahrhundert haben sich manche Christen bewusst als Fundamentalisten bezeichnet, um sich von allen liberalen bzw. modernen Erscheinungen in Theologie und Kirche abzugrenzen.[11] Mit der Zeit wurde dieser Begriff übertragen auf radikale Erscheinungen aller Art: Das Wort Fundamentalisten wurde verwandt für religiöse Terroristen, für politische Extremisten und überhaupt für alles, was auf radikalen Widerspruch zur Mehrheitsgesellschaft setzt. Fundamentalismus gilt als „Aufstand gegen die Moderne“[12]. Dass sich auch sehr konservative Christen heute nicht mehr so nennen lassen möchten, ist nur zu verständlich.

Im Folgenden möchte ich einen anderen Zugang zum Thema des Fundamentalismus suchen, einen Umgang mit diesem Begriff, bei dem nicht sofort bestimmte Gruppen gemeint sind, sondern potenziell jede Denkrichtung, wenn man sie immer weiter radikalisiert. Man versteht keine radikale Denkweise, wenn

---

11 Entscheidend ist vor allem das Bibelverständnis, wie Stephan Holthaus in seinem Buch über die Geschichte des Fundamentalismus in Deutschland schreibt: „So bildet die Lehre von der Irrtumslosigkeit der Bibel die Hauptbasis aller Fundamentalisten.“ Stephan Holthaus, Fundamentalismus in Deutschland. Der Kampf um die Bibel im Protestantismus des 19. und 20. Jahrhunderts, Bonn ^{2}2003, 67. Dieser Ausgangspunkt führt an verschiedenen Stellen zu Konflikten mit der modernen Welt: mit der wissenschaftlichen Bibelkritik oder der Evolutionstheorie, weil diese mit den biblischen Zeugnissen nicht in Übereinstimmung zu bringen ist.

12 So lautet der Titel eines Buches des Politikwissenschaftlers Thomas Meyer.

man nicht jeweils mitbedenkt, gegen was genau jemand seinen radikalen Widerspruch formuliert.

Lernen lässt sich das beim Philosophen Friedrich Nietzsche (1844-1900). Nietzsche kann man als eine Art Prophet der fortgeschrittenen Moderne bezeichnen, egal, ob man diese nun Spätmoderne oder Postmoderne nennt. „Gott ist tot", dieser berühmte Ausspruch steht in Nietzsches Werk für den Schwund vieler traditioneller Gewissheiten, in der Religion, der Moral und der abendländischen Kultur insgesamt.

Mit dieser Beobachtung stand Nietzsche im 19. Jahrhundert keineswegs allein. *Karl Marx* beschrieb diesen Prozess schon in seinem kommunistischen Manifest von 1848 – als eine Folge der Entstehung des modernen Kapitalismus:

> „Die fortwährende Umwälzung der Produktion, die ununterbrochene Erschütterung aller gesellschaftlichen Zustände, die ewige Unsicherheit und Bewegung zeichnet die Bourgeoisepoche vor allen anderen aus. Alle festen eingerosteten Verhältnisse mit ihrem Gefolge von altehrwürdigen Vorstellungen und Anschauungen werden aufgelöst, alle neugebildeten veralten, ehe sie verknöchern können. Alles Ständische und Stehende verdampft, alles Heilige wird entweiht, und die Menschen sind endlich gezwungen, ihre Lebensstellung, ihre gegenseitigen Beziehungen mit nüchternen Augen anzusehen."[13]

Für Marx waren diese Erschütterungen Folge der Industrialisierung und der zunehmenden Marktorientierung der ganzen Gesellschaft. Aus seiner Sicht wurden durch diese Auflösung aller Traditionen die Voraussetzungen geschaffen für eine neue Ge-

---

13 Manifest der kommunistischen Partei, Marx-Engels-Werke, Bd. 4, Berlin 1977, 465.

sellschaft der Zukunft, die Freiheit, Gerechtigkeit und Frieden ohne religiöse Vorurteile schaffen wird.

Viele andere hingegen, konservative Christen und Monarchisten zumal, versuchten, den Verfall der Werte zu stoppen durch Stärkung von Autorität und Tradition, mehr und mehr auch der patriotischen und nationalistischen Orientierung der Bevölkerung.

Nietzsche hielt weder die Errichtung eines utopischen Kommunismus noch die Rettung des christlichen Abendlandes für möglich. Zugleich staunte er über die Sorglosigkeit vieler Zeitgenossen, als könnte die permanente Auflösung aller überkommenen Gewissheiten folgenlos bleiben. Für Nietzsche war klar, dass es früher oder später zu heftigen Gegenbewegungen kommen müsste gegen die Umwertung aller bestehenden Werte. Diese Entwicklung würde ihre Schattenseite mit sich bringen. In seinem Werk *Also sprach Zarathustra (1883)* stellte Nietzsche diese Erwartung in Gesprächsform vor, zwischen Zarathustra, dem Vorreiter des radikalen Zweifels – und seinem „Schatten". Was das für ein Schatten ist, wird durch dessen eigene Rede deutlich:

> „Mit dir strebte ich in jedes Verbotene, Schlimmste, Fernste: und wenn irgendetwas an mir Tugend ist, so ist es, dass ich vor keinem Verbote Furcht hatte. Mit dir zerbrach ich, was je mein Herz verehrte, alle Grenzsteine und Bilder warf ich um, den gefährlichsten Wünschen lief ich nach – wahrlich, über jedwedes Verbrechen lief ich einmal hinweg. Mit dir verlernte ich den Glauben an Worte und Werte und große Namen. […] ‚Nichts ist wahr, alles ist erlaubt': so sprach ich mir zu. In die kältesten Wasser stürzte ich mich, mit Kopf und Herzen. Ach, wie oft stand ich darob nackt als roter Krebs da!"[14]

14 Friedrich Nietzsche, Also sprach Zarathustra (KSA 4), München 1988, 339-340.

Was ist der Schatten? Ein Bild für diejenigen, die dieser Bewegung der allgemeinen Verunsicherung und Auflösung bereitwillig gefolgt sind – und dann einen radikalen Kurswechsel vollziehen. Es spricht gewissermaßen ein ehemaliger Jünger des Zarathustra, der diesem gefolgt ist durch alle Zweifel hindurch zur Auflösung aller früheren Gewissheiten. Doch der Rausch permanenter Befreiung scheint umzuschlagen in das Gefühl unsäglicher Leere. Was ihn einst angezogen hat, stößt ihn nun ab. Dem Rausch der großen Abschiede folgt der Kater eines umfassenden Verlustgefühls. Nietzsche lässt Zarathustra antworten:

> „Deine Gefahr ist keine kleine, du freier Geist und Wanderer! Du hast einen schlimmen Tag gehabt: sieh zu, dass dir nicht noch ein schlimmerer Abend kommt! Solchen Unsteten, wie du, dünkt zuletzt auch ein Gefängnis selig. Sahst du je, wie eingefangene Verbrecher schlafen? Sie schlafen ruhig, sie genießen ihre neue Sicherheit. Hüte dich, dass dich nicht am Ende noch ein enger Glaube einfängt, ein harter, strenger Wahn! Dich nämlich verführt und versucht nunmehr jegliches, das eng und fest ist.“[15]

Nietzsche macht an dieser Stelle eine wesentliche Beobachtung. Der Schatten, d.h. der Mensch, der sich mit Zarathustra losgerissen hat von allen Traditionen und Ordnungen, kann nicht einfach zurück. In einer Zeit, in der sich vieles auflöst und alles im Fluss ist, entsteht zwar eine neue Sehnsucht nach beständigen, unveränderlichen Wahrheiten; aber die alten Gewissheiten sind nicht einfach wieder verfügbar. Attraktiv wird daher nun „jegliches, das eng und fest ist“.

---

15 A.a.O., 341.

Mit seinem Bild des Schattens macht Nietzsche deutlich, wie Fundamentalismus funktioniert: Er ist eine Reaktion auf eine ungeheure Verunsicherungserfahrung. Und nun ist er radikal auf das fixiert, was er ablehnt. Er lebt nicht mehr in der fraglosen Gewissheit altehrwürdiger Tradition, sicher ist er sich vor allem in der Wut auf das, was ihn verunsichert hat. Nun lebt er gewissermaßen in permanenter Absetzung von seinem Gegner. Nichts ist für die Sehnsucht nach der großen Freiheit beflügelnder als die Beschäftigung mit den Ketten ehemaliger Gefangenschaft. Nichts ist für das Streben nach Sicherheit und Halt so bestärkend wie der angstvolle Blick auf die Mächte der Auflösung. Jeder Radikalismus lebt von der intensiven Beschäftigung mit seinem Gegenbild. Anfällig kann man dafür an allen Seiten des Spektrums werden: im radikalen Kampf gegen links wie gegen rechts, gegen Liberalität wie gegen Fundamentalismus. Je mehr sich eine Strömung durch die allgemeine Entwicklung der Gesellschaft an den Rand gedrückt fühlt, desto anfälliger wird sie für eine solche Radikalisierung.

Ich möchte daher vorschlagen, die Erscheinung des Fundamentalismus mit Hilfe zweier Metaphern wahrzunehmen: als Seismograph und als Überdosierung. Als Seismograph reagieren fundamentalistische Strömungen auf kulturelle Veränderungen, auf den Verlust ehemaliger Geborgenheit, auf den Schwund früherer Wertschätzungen oder ganz allgemein die Erschöpfung früherer Gewissheiten, die vielen Menschen Halt und Orientierung gaben. Und mag man die fundamentalistischen Reaktionen noch so aggressiv und unverständig finden, in der besorgten oder wütenden Wahrnehmung von Veränderungen zeigt sich eine Sensibilität, die auch denen nicht gleichgültig sein sollte, die sich davon unbetroffen fühlen. Sehr häufig führen sämtliche Versuche, fundamentalistisch denkende Menschen auszugrenzen oder lächerlich zu machen, nur dazu, dass sie sich untereinander umso enger und entschiedener zusammenschließen und in ihrem Ausschluss einen Beleg, ja einen Beweis für das Recht ihrer kritischen Sicht auf die Außenwelt sehen. Daher ist es an der Zeit, nach den Wahrheitsmomenten fundamentalistischer Denkweisen zu fragen. Und wenn wir die Formel vom „Aufstand gegen die Moderne" ernst nehmen, so reagieren Formen des Fundamentalismus ja auch auf problematische Erscheinungen der Moderne: die mit der zunehmenden Individualisierung verbundenen Entfremdungsprozesse in Familie und Nachbarschaft; die mit der Verwissenschaftlichung des Weltumgangs einhergehende Abwertung von Lebenserfahrung, Weisheit und Traditionen. Im Fundamentalismus verdichtet sich ein Krisenbewusstsein für die problematischen Seiten der Moderne.

Man mag fundamentalistischen Haltungen vorwerfen, sich einseitig und ungerecht von einem Kulturpessimismus bestimmen zu lassen, der nicht wahrzunehmen vermag, dass die negativen Seiten der Modernisierung seit Generationen öffentlich diskutiert werden.[16] Man sollte dabei nicht übersehen, dass die Anhänger fundamentalistischer Religionen nicht selten eine für sie befriedigende Lösung finden, in ihren Kreisen eine Gegenkultur zum gesellschaftlichen Mainstream zu entwickeln. Um das Phänomen radikaler Frömmigkeit zu verstehen, muss man auch wahrnehmen, was sie für viele so attraktiv macht. Welche Vorteile bietet Fundamentalismus?

---

16 Vgl. schon die klassische Schrift Dialektik der Aufklärung von Theodor Adorno und Max Horkheimer von 1944.

- Er bietet klare und eindeutige Lebensorientierung. Das Leben ist schon unübersichtlich genug, viele Menschen haben kein Interesse daran, alle Komplikationen des modernen Denkens z.B. in ihrer Religion wiederzufinden. Fundamentalistische Religion ist einfach, klar und praktisch; und das bietet vielen eine echte Hilfe im Leben schon dadurch, dass alles Wesentliche wieder übersichtlich wird.
- Er stiftet Motivation zum persönlichen Einsatz. Menschen, die klare Überzeugungen und eindeutige Orientierungen haben, setzen sich für die Ziele und Werte ein, die sie für sinnvoll und notwendig halten.
- Er schafft Verbundenheit mit anderen Überzeugten bzw. im Fall der Religion mit anderen Gläubigen. Fundamentalismus lässt sich nicht einfach mit weiterem Fortschreiten von Bildung und Aufklärung abschaffen. Weltweit gibt es stark wachsende religiöse Gemeinschaften, die durch ihr Angebot von dichter Verbundenheit und Zugehörigkeit viele Menschen anziehen.

Das Problem dieser Haltung möchte ich mit dem Bild der Überdosierung beschreiben. Im Fundamentalismus kann es um berechtigte, wichtige Ziele und Werte gehen, sei es Bibeltreue, sei es soziale Gerechtigkeit etc. In der Bekräftigung dieses Wertes gerät alles andere, vielleicht auch sehr Wichtiges, aus dem Blick. Das Bedürfnis nach Klarheit und Eindeutigkeit setzt sich durch auf Kosten der Wahrhaftigkeit und manchmal auch der Menschlichkeit. Zum Fundamentalismus gehört wesentlich sein Freund-Feind-Denken, die polare und polemische Wahrnehmung der Welt. Die eigene Wahrheit überzeugt absolut – im Gegensatz zum Liberalismus, zu den Linken bzw. den Rechten, zur Moderne oder wem oder was auch immer. Und diese Gegensatzlogik, dieses Fixiertsein auf das, wovon man sich abgrenzt, wirft nun seinerseits seine Schatten. Menschen, die z.B. so geprägter Frömmigkeit den Rücken zuwenden, leiden an:

- der Unfähigkeit fundamentalistischer Religion, bei ihren Gegnern überhaupt noch wichtige Anliegen wahrzunehmen, die positiv, hilfreich, bereichernd oder würdigenswert sein könnten.
- der Verdrängung von Problemen und Schwierigkeiten in den eigenen Kreisen, die tabuisiert und verschwiegen werden müssen.
- dem Partei- und Lagerdenken, der Neigung zum Bekämpfen der anderen, häufig nicht nur anderer Gedanken, sondern gerade auch anderer Menschen, die man für die eigenen Kreise als gefährlich einschätzt und die man darum ausgrenzen muss.
- der Offenheit gegenüber Verschwörungstheorien und allen Denkansätzen, die konkreten Gegnern Schuld und Versagen im Blick auf Fehlentwicklungen der Gesellschaft zuschreiben.

4. Theologie der dritten Wege

Was kann Theologie in einer solchen Situation leisten? Nun kann Theologie solche Konflikte nicht einfach klären. Wenn wir uns die Basismentalitäten des heutigen Denkens ansehen, dann ist die wissenschaftliche Theologie hoffnungslos modern. Für die einen kann sie kein Teil einer Lösung sein, denn sie ist für den christlichen Glauben das Problem schlechthin, die Ursache allen Niedergangs in der liberalen Christenheit. Für die anderen postmodernen Geister ist sie schlicht und einfach zu kompliziert – und daher letztlich irrelevant. Nun ist jede Theologin bzw. jeder Theologe in heutigen Fragen in irgendeiner Form auch Partei und kann sich nicht anmaßen, wie ein Schiedsrichter über den Gegensätzen zu stehen. Es wäre in den politischen wie in den religiösen Fragen unserer Zeit auch unsinnig, der Sehnsucht nach der verlorenen Mitte nachzuhängen, sich in eine spannungslose, konsensfixierte Harmonie flüchten zu wollen. Konflikte sind wesentlich, sie sind notwendig – nur muss man auch das Streiten lernen.

Es kann nicht darum gehen, zwischen den Extremen unserer Zeit „den" dritten Weg zu finden, den Weg der Vernunft und der Mitte, auf dem sich doch bitte alle Menschen guten Willens einfinden mögen. Im schlimmsten Fall ist das auch wieder eine fundamentalistische Sehnsucht. Kein dritter Weg ist die Lösung, sondern die Freiheit zu dritten Wegen: Wege, auf denen Gläubige miteinander ringen und diskutieren, aufeinander hören und voneinander lernen, wo sie nicht vorschnell Einigung suchen auf Kosten der Gründlichkeit, aber auch im Gespräch bleiben, solange sie einander nicht wirklich begreifen. Viele Fragen der gegenwärtigen Christenheit werden nicht auf dem Niveau und in der Atmosphäre diskutiert, wie es angemessen und hilfreich wäre; siehe die Freischwimmer-Debatte. In diesem Sinne möchte ich in diesem Buch dazu beitragen, einige Konflikte zumindest zu versachlichen und diskutierbar zu machen.

Im achten Teil der Star-Wars-Reihe wurde diese Einsicht so formuliert: „Nur so können wir siegen: nicht bekämpfen, was wir hassen, sondern retten, was wir lieben." Fundamentalismus und Relativismus sind Versuchungen, denen man auch nicht in Form ihrer Bekämpfung erliegen darf. Die Extreme stabilisieren sich gegenseitig, vor allem durch den Blick auf ihr jeweiliges Gegenbild. Oder mit Nietzsche gesagt: „Wer mit Ungeheuern kämpft, mag zusehn, dass er nicht dabei zum Ungeheuer wird. Und wenn du lange in einen Abgrund blickst, blickt der Abgrund auch in dich hinein."[17]

Besser streiten lernen, darum muss es heute in vielen christlichen Kreisen gehen. Zwischen radikaler Totalkritik der jeweils anderen und großer Gleichgültigkeit bzw. Kontaktvermeidung gibt es einen weiten Raum, in dem Menschen mit unterschiedlichen Hintergründen und Voraussetzungen Fragen stellen und diskutieren können. Diesen Raum wieder zu vergrößern ist heute eine Aufgabe, die nur von mehreren Seiten gleichzeitig angegangen werden kann.

17 Friedrich Nietzsche, Jenseits von Gut und Böse (KSA 5), München 1998, 98.

II. Gott gehört uns nicht

Glaube ist heute ein heißes Thema. Inhalte und Stile des Glaubens verbinden Menschen miteinander – aber trennen sie auch. So war es immer, und nichts spricht dafür, dass sich das grundsätzlich ändern lässt. Aber nicht jeder Unterschied muss als Gegensatz aufgefasst, nicht jede Veränderung gleich als Durchbruch gefeiert oder Verrat beklagt werden. Im Glauben bekommen wir es mit Gott zu tun. Das macht Glaubensfragen so gravierend. In diesem Kapitel möchte ich einige grundlegende Überlegungen anstellen, wie man einen etwas gelasseneren Umgang mit Glaubensunterschieden gewinnen kann. Denn wenn wir es im Glauben auch mit Gott zu tun bekommen, so bleiben Gott und unser Glaube doch immer zweierlei. Denn Gott gehört uns nicht. Keinem von uns.

1. Der Gott zum Anfassen

Das 2. Buch Mose (Exodus) berichtet vom Auszug des Volkes Israel aus Ägypten. Gott befreit sein Volk, er führt es hinaus aus dem Sklavenhaus und schenkt ihm einen neuen Anfang in Freiheit. Die biblischen Texte beschreiben die großen Zeichen und Wunder, die Gott auf diesem Weg tut. Und man möchte meinen: Wer so was mal erlebt hat, wer Gottes Macht so eindrücklich erfahren hat – der kann nie wieder an der Realität Gottes zweifeln. Doch, kann man. Die Wege in die Freiheit werden lang und länger. Die Wanderung des Volkes Israel führt nicht direkt und zügig in das verheißene gelobte Land, in dem Milch und Honig fließen, sondern in die Wüste. Am Sinai schließt Gott einen Bund mit seinem Volk, er gibt ihm die Zehn Gebote als Ordnung für das neue Leben. Aber das Volk erfährt Gott mehr und mehr aus zweiter Hand, vermittelt durch Mose. Für viele im Volk wird Gott immer ungreifbarer. Schließlich begibt sich Mose auf den Berg Sinai, um die Gebote Gottes zu empfangen. Als seine Rückkehr auf sich warten lässt, wird das Volk Israel kurze Zeit nach dem ungeheuren Aufbruch aus Ägypten immer unruhiger (Ex 32,1ff.). Wo ist Gott? Wo ist Mose – und was ist sein Plan?

Schließlich hilft das Volk sich selbst – mit einem Gott zum Anfassen. Die Götter der Antike waren sichtbar. Die Zumutung des unsichtbaren Gottes lastete offenbar schwer auf Israel. So nötigt das Volk Moses Bruder Aaron zur Herstellung eines Goldenen Kalbes, gewissermaßen die Materialisierung der allgemeinen religiösen Ungeduld im Volk. Das Goldene Kalb, ein typisches Symbol dieser Zeit, macht Gott endlich sichtbar, konkret und greifbar (Ps 106,19-20). Als Mose zum Volk zurückkehrt, ist er zutiefst erschüttert. Er zertrümmert die Tafeln mit den Zehn Geboten, der Weg Gottes mit diesem Volk scheint am Ende angekommen zu sein.

Nun könnte man sagen: Tragisch, dass das Volk nicht noch ein wenig warten konnte. Aber vielleicht ist das auch verständlich. Ist es doch erheblich, was Gott ihm an Geduld und an Vertrauen abverlangt. Mose, möchte man meinen, ist da in einer ganz anderen Lage. Der kennt Gott nicht nur aus zweiter Hand, heißt es doch, dass Gott mit ihm „von Angesicht zu Angesicht, wie ein Mann mit seinem Freund redet" (Ex 33,11). Mose allein geht zu Gott auf den Berg Sinai, Mose allein darf eintreten ins Heiligtum dieser Zeit, ins Zelt der Begegnung, und die Begegnung mit Gott ist so real, dass alle im Volk den Glanz auf seinem Gesicht sehen können, immer wenn er mit Gott geredet hat (Ex 34,35). Mose allein hat einen solchen direkten Kontakt zu Gott. Kein Wunder, dass das Volk zu zweifeln beginnt und Mose nicht. Wirklich? Nein: Auch Mose hat seine Krise. Nach den Auseinandersetzungen um das Goldene Kalb berichtet die Exoduserzählung Folgendes:

> 12 Und Mose sprach zu dem HERRN: Siehe, du sprichst zu mir: Führe dies Volk hinauf!, und lässt mich nicht wissen, wen du mit mir senden willst, wo du doch gesagt hast: Ich kenne dich mit Namen, und du hast Gnade vor meinen Augen gefunden. 13 Hab ich denn Gnade vor deinen Augen gefunden, so lass mich deinen Weg wissen, damit ich dich erkenne und Gnade vor deinen Augen finde. Und sieh doch, dass dies Volk dein Volk ist. 14 Er sprach: Mein Angesicht soll vorangehen; ich will dich zur Ruhe leiten. 15 Mose aber sprach zu ihm: Wenn nicht dein Angesicht vorangeht, so führe uns nicht von hier hinauf. 16 Denn woran soll erkannt werden, dass ich und dein Volk vor deinen Augen Gnade gefunden haben, wenn nicht daran, dass du mit uns gehst, sodass ich und dein Volk erhoben werden vor allen Völkern, die auf dem Erdbo-

> den sind? 17 Der HERR sprach zu Mose: Auch das, was du jetzt gesagt hast, will ich tun; denn du hast Gnade vor meinen Augen gefunden, und ich kenne dich mit Namen. 18 Und Mose sprach: Lass mich deine Herrlichkeit sehen! (Ex 33,12-18)

Auch Mose ringt mit Gott. Ja, Gott redet mit ihm, Mose hat mit ihm viel erlebt, viel Großes, aber auch Niederschmetterndes. Aber auch Mose ist an einem Punkt angekommen, wo er nicht mehr einfach weitermachen kann. Ja, Mose hat den Gott des Exodus erfahren, er hat den Gott des Sinai gehört. Aber er merkt, dass nun eine neue Aufgabe auf ihn wartet. In seinem Gespräch mit Gott geht es immer wieder um dasselbe: Zeige dich, Gott. Ja, du sagst, ich habe Gnade gefunden, du kennst mich. Aber was bedeutet das für den Weg, der vor mir liegt?

2. Der offenbar verborgene und verborgen offenbare Gott

Dreimal bittet Mose Gott, er möge sich ihm und dem Volk neu zuwenden und sich zeigen, und dreimal antwortet Gott ihm. In der dritten Antwort setzt Gott dreimal an:

> „19 Und er sprach: Ich will vor deinem Angesicht all meine Güte vorübergehen lassen und will ausrufen den Namen des HERRN vor dir: Wem ich gnädig bin, dem bin ich gnädig, und wessen ich mich erbarme, dessen erbarme ich mich. 20 Und er sprach weiter: Mein Angesicht kannst du nicht sehen; denn kein Mensch wird leben, der mich sieht. 21 Und der HERR sprach weiter: Siehe, es ist ein Raum bei mir, da sollst du auf dem Fels stehen. 22 Wenn dann meine Herrlichkeit vorübergeht, will ich dich in die Felskluft stellen und meine Hand über dir halten, bis ich vorübergegangen bin. 23 Dann will ich meine Hand von dir tun, und du darfst hinter mir hersehen; aber mein Angesicht kann man nicht sehen" (Ex 33,19-23).

Die Antwort ist paradox. Ja, Gott antwortet Mose abermals. Ja, Gott bekräftigt seine bisherigen Zusagen an Mose. Und mehr noch: Gott will und wird sich Mose noch einmal offenbaren. Gott sagt ja, ja und noch einmal ja. Und mittendrin sagt Gott auch einmal: Nein. Ausgerechnet dem zentralen Wunsch Mose, „zeige dich, lass mich deine Herrlichkeit sehen", verweigert sich Gott: „Mein Angesicht kannst du nicht sehen" (33,20).

Was bedeutet diese paradoxe Antwort, dieses Ja und Nein? Zunächst einmal dies: Gott weist die Bitte des Mose nicht einfach ab. Er sagt nicht Nein und Basta. Mose darf so fragen. Es gehört zum

Wesen des Glaubens, dass dieser nicht ein für alle Mal ein sicherer Besitz ist. Die Erinnerung an den Gott des Exodus ist allein keine Gewähr dafür, dass du mit Gott heil durch die Wüste kommst. Gott wendet sich Mose zu, er verheißt ihm die Erfahrung einer neuen Nähe. Gott kommt Mose denkbar nah. Und doch nicht wie gehofft: Sein Angesicht, seine Herrlichkeit wird Mose nicht sehen. Ja, Gott kommt ihm nah, er will seine Hand über Mose halten. Was für eine Geste der Zuwendung. Und zugleich: Gott umgibt ihn mit seiner Hand, damit Mose nicht sehen kann, wie Gott vorübergeht. Ja, Gott zeigt sich, er macht sich sichtbar. Aber was Mose sehen wird, ist, wie Gott davonzieht. Gott kommt ihm nah, doch sehen wird Mose nur, wie Gott sich wieder entzieht.

Es hat die Bibelausleger viel beschäftigt, wie realistisch die Schilderung gemeint ist. Was soll das denn heißen, dass Mose Gott von hinten sehen kann? Oder was bitte haben die Ältesten gesehen nach dem Bundesschluss am Sinai, wo es heißt: Und sie „sahen den Gott Israels. Unter seinen Füßen war es wie eine Fläche von Saphir und wie der Himmel, wenn es klar ist" (Ex 24,10). Hat Gott einen Körper, mit Fußsohlen, Hand und Rücken? Heißt es nicht ganz eindeutig, dass man das Angesicht Gottes nicht sehen kann (Ex 33,20; vgl. auch Ri 6,22; 13,22f.)? Widersprechen sich diese Texte?[18]

Man kann an dieser Stelle nicht einfach von Widersprüchen reden. Zu plan- und absichtsvoll stehen diese scheinbar gegensätzlichen Linien nebeneinander. Diese Unklarheit ist für die Offenbarung Gottes wesentlich. So offenbart sich Gott: offenbar verborgen und verborgen offenbar.

18 Matthias Franz stellt fest: „Nirgendwo im Alten Testament liegen menschenähnliche Rede von Gott und Abwehr der menschenähnlichen Rede von Gott so nah beieinander wie in der prophetischen Gottesschau und in Ex 33-34." Matthias Franz, Der barmherzige und gnädige Gott, Stuttgart 2003, 173.

3. Geheimnis des Glaubens

Wenn wir von Gott reden, rühren wir an ein Geheimnis. „Gott wohnt in einem Licht, zu dem niemand kommen kann, den kein Mensch gesehen hat, noch sehen kann“ (1Tim 6,16). Ja, Gott teilt sich den Menschen mit, durch die Schöpfung, durch die Propheten, schließlich durch seinen Sohn, durch Jesus Christus. Aber er bleibt darin stets unverfügbar, so, wie es im Blick auf den Heiligen Geist heißt: „Der Wind bläst, wo er will, und du hörst sein Sausen wohl; aber du weißt nicht, woher er kommt und wohin er fährt“ (Joh 3,8). Was wir uns am Beispiel des Volkes Israels und Moses klargemacht haben, gilt für alle biblischen Geschichten. Gott redet, handelt, greift ein – und dies stets so, dass alles, was man hört, sieht und spürt, zweideutig bleibt. Ganz grundsätzlich kann Paulus sagen: „Wir wandeln im Glauben, nicht im Schauen“ (2Kor 5,7). Nicht, dass es nichts zu sehen gibt, aber in dem, was zu sehen ist, wirklich Gott zu erkennen ist noch einmal etwas Anderes als das, was mit bloßem Auge zu erkennen ist. Diese Spannung lässt sich nicht auflösen. Gott macht sich anschaulich und bleibt doch unsichtbar, er lässt sich berühren und bleibt doch ungreifbar. Davon sind letztlich alle Einsichten des Glaubens geprägt.

Der Apostel Paulus macht diese Spannung durch eine Metapher deutlich: „Wir sehen jetzt durch einen Spiegel in einem dunklen Bild“ (1Kor 13,12).

Mit dieser doppelten Metapher macht Paulus zweierlei deutlich: 1. Unsere Gotteserkenntnis ist grundsätzlich indirekt.[19] Wir

19 Manchmal hat man gemeint, dass Paulus antike Spiegel voraussetzt, die grundsätzlich undeutlich, verzerrt und verschwommen seien. Das ist archäologisch nicht zu halten. Die Antike hatte keine Glasspiegel, sondern Metallspiegel, die klar sein konnten. Vgl. Wolfgang Schrage, Der erste Brief an die Korinther, Teilband III, Neukirchen-Vluyn 2015, 310-312.

sehen und erkennen Gott nie unmittelbar, sondern wie durch einen Spiegel. Gott wird sichtbar vermittelt durch Begebenheiten wie einen brennenden Dornbusch, durch Texte, durch Bilder und Geschichten. Jesus redete immer wieder in Gleichnissen und Bildern vom Reich Gottes (Mk 4,33). Alle Gotteserkenntnis ist immer indirekt.

2. Unsere Gotteserkenntnis ist bildhaft. Das „dunkle Bild“ der Lutherübersetzung steht eigentlich für: in Rätseln. Wenn wir jemandem sagen: Du sprichst in Rätseln, meinen wir: Kapier‘ ich nicht, sag es jetzt noch mal klar und deutlich. Paulus würde sagen: Ja, ich spreche in Rätseln, aber nicht, weil ich mich nicht klar ausdrücken will oder kann, sondern weil ich von *Gott* rede. Gott sprengt alle unsere Worte, alle unsere Gedanken. Darum können wir von Gott nicht anders reden als in Rätseln.

Immer gibt es diesen doppelten Abstand zur göttlichen Wirklichkeit. Alle unsere Erkenntnis als solche ist nur annäherungsweise Gotteserkenntnis. Und sie ist grundsätzlich indirekt, vermittelt und daher immer zu unterscheiden von einer unmittelbaren Kenntnis.

Was wir uns mit Hilfe der biblischen Geschichte und anhand einiger Aussagen des Apostels Paulus vor Augen geführt haben, hat grundsätzliche Bedeutung für die Ausgangsfrage in diesem Buch. Gar nicht so wenige Menschen sagen heute: Ja, ich wurde christlich erzogen, ich habe als Kind oder als Jugendlicher geglaubt. Jetzt tue ich das nicht mehr. Denn der christliche Glaube ist überholt. Er ist nicht zeitgemäß. So sagen und sehen das diese Menschen, und das Tragische ist m.E. Folgendes: Diese Menschen verwechseln ihren eigenen Kinderglauben mit dem christlichen Glauben als solchem. Sie haben Gott kennengelernt in einer bestimmten Gestalt, in einem altersgemäßen Horizont. Und dann haben sie sich als Menschen weiterentwickelt, viel Neues erfahren und gelernt. Irgendwann haben sie gemerkt, dass ihr christlicher Glaube aus Kinder- und Jugendzeiten nicht mehr passt zu dem, wie sie inzwischen die Welt und sich selbst betrachten. Und leider gibt es christliche Gruppen, die genau dazu ermutigen: bloß nicht weiterdenken, bloß keine gefährlichen Fragen zulassen, dass du ja nicht deinen Glauben verlierst ... Und genau auf diesem Weg verlieren viele Menschen ihren Glauben.

Manchmal ist der Glaube einfach nicht auf neue Herausforderungen eingestellt. Es gibt Menschen, deren Glaube ungeheuer tragfähig war in Lebenskrisen. Er bot Halt, gab Kraft, er stützte, stabilisierte. Und sie sind dankbar dafür. Und nun sind diese Menschen in einer neuen Lebensphase, einem Lebensabschnitt, wo es nicht darum geht zu überleben, standzuhalten, sondern zu bauen, zu gestalten. So habe ich das von manchen früheren Pfarrern gehört, die in den Erfahrungen des Krieges gelernt hatten, sich mit ihrem Glauben in größter Lebensgefahr zu bewähren. Ihr Konfirmandenunterricht war darauf eingestellt, den jungen Christen eine eiserne Ration mitzugeben: Wenn ihr in Kriegsgefangenschaft kommt, dann braucht ihr eine tragfähige Grundlage. Viele Jugendliche fragten sich in der Nachkriegszeit heimlich: Und wenn ich nicht nach Stalingrad muss? Wenn es nicht darum geht, durchzuhalten – sondern leben zu lernen in einer Nachkriegsgesellschaft mit unendlich vielen Möglichkeiten? Was bedeutet Glaube denn dann?

Und manchmal ist es umgekehrt: Menschen haben einen heilen Glauben mitbekommen. Einen Glauben, der sie leicht und fröhlich umhüllte wie ein Frühlingskleid, dessen Muttersprache Dankbarkeit war, der ihr schönes Leben bereicherte und vertiefte, solange sie behütet waren in einer weit überwiegend liebevollen Umgebung. Und später führte ihr Weg sie in ihre ganz persönliche Wüste, auf ungewohnte Bahnen, ins Unwegsame und Ausweglose. Und alles, was sie an Glauben je kennengelernt hatten, bot ihnen keine Worte für die Erfahrung von Leere, Enttäuschung und Frustration.

Viele Menschen erleben auf die eine oder andere Weise solche neuen Herausforderungen. Ich halte diese Geschichte von der Gottesbegegnung des Moses für eine ungeheure Hilfe in solchen Phasen der Umgestaltung. Denn wir können hier eine wesentliche Unterscheidung lernen. Gott ist immer größer als alle bislang bewährten Erfahrungen. Manchmal wachsen Christen heraus aus alten Gewissheiten. Manche Gewissheiten sind aufgebraucht, bestimmte Geschichten sind auserzählt. Sie haben in einer bestimmten Lebensphase getragen, jetzt tun sie es nicht mehr. Manchmal wachsen ihnen neue Herausforderungen über den Kopf. Und in beiden Fällen ist es entscheidend, sich dem Wandel zu stellen, ohne sich von der Angst lähmen zu lassen, den Glauben oder Gott zu verlieren.

Gott ist größer. Du kriegst keinen Gott zum Anfassen. Und zugleich steht dieser Text auch dafür: Gott ist näher. Gott lässt dich nicht los. Er hält die Treue, über alles Zweifeln und Scheitern hinweg. Es gibt Neuanfänge. Du kannst weiterglauben, weil Gott mit dir weitergeht, hinein in neue Herausforderungen, in neue Erkenntnisse. Wie er sich in Jesus Christus ganz neu eingelassen hat auf das menschliche Leben, so begleitet er Menschen durch alle Herausforderungen und Wandlungen ihres Lebens hindurch. Größer, als wir fassen, näher, als wir uns vorstellen können.

Gott begibt sich in den jeweiligen Horizont der Menschen und sprengt diesen zugleich. Als der nahe Gott ist er ungreifbar. Er macht sich verständlich und bleibt unergründlich. Ist das widersprüchlich bzw. unlogisch? Nein. Es ist paradox, mit einem biblischen Wort: geheimnisvoll. Dieses Staunen vor dem Geheimnis Gottes zieht sich durch die Bibel. Bevor Paulus im

Römerbrief zu den praktischen Fragen des christlichen Lebens übergeht, schließt er den theologischen Teil seines Schreibens mit einem Lobpreis des geheimnisvollen Gottes ab:

> 33 O welch eine Tiefe des Reichtums, beides, der Weisheit und der Erkenntnis Gottes! Wie unbegreiflich sind seine Gerichte und unerforschlich seine Wege! 34 Denn „wer hat des Herrn Sinn erkannt, oder wer ist sein Ratgeber gewesen“? (Jesaja 40,13.) 35 Oder „wer hat ihm etwas zuvor gegeben, dass Gott es ihm zurückgeben müsste?“ (Hiob 41,3.) 36 Denn von ihm und durch ihn und zu ihm sind alle Dinge. Ihm sei Ehre in Ewigkeit! Amen (Röm 11,33-36).

Diese Erkenntnis ist uralt und vielfach formuliert. Vorbildlich hat die christliche Kirche des Westens diese Einsicht im 4. Laterankonzil im Jahr 1215 in einer Weise formuliert, die bis heute als grundlegend angesehen werden kann.

> „Zwischen Schöpfer und Geschöpf lässt sich keine so große Ähnlichkeit feststellen, dass zwischen ihnen nicht noch eine größere Unähnlichkeit festzustellen wäre.“[20]

Zunächst drückt diese Aussage die Überzeugung aus: Wir können über Gott reden, weil es zwischen Gott und Mensch so etwas wie eine Ähnlichkeit gibt. Wenn Gott den Menschen zu seinem Bilde geschaffen hat, dann ist Gott uns nicht total und völlig fremd. Dann können Menschen mit menschlichen Worten, Bildern und Gedanken über Gott reden, dann können sie Gott als Vater und Mutter, Herr und Freund, Quelle und Licht bezeichnen, wohl

20 Zitiert nach dem Katechismus der Katholischen Kirche, München 1993, 51.

wissend, dass Gott noch einmal anders und mehr ist, aber: Es besteht eine Ähnlichkeit zwischen dem, was wir sagen, und Gott selbst. Aber: Es gibt nicht nur diese Analogie, diese Ähnlichkeit, sondern eben auch eine Unähnlichkeit; und die ist größer. Wer von Gott spricht, kann dies zuversichtlich wagen – und zugleich auch nur in aller Demut.

Ein solches Verständnis des Glaubens wendet sich gegen zwei Missverständnisse: Wir haben Gott nie im Griff. Wir stehen aber auch nicht vor einem absoluten Rätsel. Diese doppelte Abgrenzung ist natürlich eine Zumutung, denn die beiden anderen Lösungen sind sehr viel griffiger. Entweder wir sind uns unserer Sache sicher; weil die Kirche es so lehrt, weil die Bibel es so sagt – dann können wir klar und eindeutig bekennen, Klartext reden. Wenn das nicht möglich ist – dann sollte man vielleicht besser ganz verstummen. Der Philosoph Ludwig Wittgenstein schrieb einmal: „Was sich überhaupt sagen lässt, lässt sich klar sagen; und wovon man nicht reden kann, darüber muss man schweigen."[21] Auch das wäre eine klare und eindeutige Lösung.

Das wäre gut und schön, wenn es nicht um *Gott* ginge. Von Gott reden – das bringt uns Menschen in eine heikle Situation. Wenn Gott sich mitteilt, wenn er von Anfang an das Wort bei sich hat (Joh 1,1ff.), kann es keinen Verzicht auf Denken und Erkenntnis geben. Die biblischen Texte sind nicht irrational und vernunftfeindlich. Christen können und sollen sich gemeinsam verständigen über das, was sie glauben. Die Bekenntnisse der Kirchen sind der geronnene Ausdruck dessen, was Christen gemeinsam zu verstehen glauben und was sie miteinander bezeugen.

21 Ludwig Wittgenstein: Tractatus logico-philosophicus, Logisch-philosophische Abhandlung, Frankfurt 2003, 7.

So wenig die Christenheit auf gemeinsames Zeugnis verzichten kann, so wenig darf sie die Differenz zwischen ihrem Bekennen und der Wirklichkeit Gottes kaschieren.

4. Gott ist größer – Gott ist näher

Gott ist größer als alle unsere Gedanken über ihn, er entzieht sich all unserem Begreifen – und zugleich kommt er uns ganz nah. Im Grunde ist das unstrittig. Als der Jerusalemer Tempel eingeweiht wird, spricht der König Salomo ein Gebet, das diese Spannung schön auf den Punkt bringt: „Sollte in Wahrheit Gott bei den Menschen wohnen? Siehe, der Himmel und aller Himmel Himmel können dich nicht fassen" (1Kön 8,27). Beides muss gesagt werden. Gott ist größer als alles, was ihn umfassen soll. Kein Tempel, kein Vergleich und keine Theorie können ihn vollständig erfassen. Und doch wird dieser Gedanke zur Falle, wenn ihm nicht die andere Wahrheit zur Seite steht: Er will in Wahrheit bei uns wohnen, er ist uns näher als wir selbst. Er ist nicht einfach restlos unverfügbar, unsagbar, undenkbar. Nur beides miteinander wird Gott gerecht. Das meint Geheimnis: Gott ist unergründlich und gut; er ist Liebe – und wohnt in einem unzugänglichen Licht. Er übersteigt alle unsere Worte und lässt sich doch fassen in Kindergebeten und -reimen.

Christen glauben so, sie wissen eigentlich, dass sie das glauben. Aber sie vergessen so leicht, dass sie diese Spannung niemals auflösen dürfen. Rechtes Reden von Gott wäre kenntlich an der Stimmung. Unsere Worte wären getragen von einer Mischung aus Zuversicht und Demut. Die großen Gegensätze unserer Zeit – die Formen fundamentalistischer Religion, in der „der Glaube" in einer völligen Objektivität gegeben und einfach zu akzeptieren und umzusetzen ist; und die individualistische Patchwork-Religion, wo man nur akzeptiert, was sich gerade jetzt gut anfühlt – sind einander viel ähnlicher, als beide voneinander glauben. Auf den ersten Blick erscheinen sie völlig gegensätzlich, einmal völlig subjektivistisch, einmal ganz objektivistisch. Und doch ähneln sie einander. Beide kennen im Grunde nur eine Gefahr. Beide Modelle setzen auf das unmittelbar Einleuchtende, entweder auf das persönlich Ansprechende oder auf das vermeintlich objektiv Vorgegebene. In beiden Modellen verzichtet man auf die produktive Spannung zwischen dem Gegebenen und seiner persönlichen Verarbeitung. Reifer Glaube ist nicht „einfach", weder im subjektivistischen noch im objektivistischen Sinn. Reifer Glaube setzt sich auseinander mit der Tradition, den überlieferten Geschichten der eigenen Erzählgemeinschaft – und ist sich der Herausforderung bewusst, dass echtes Verstehen immer etwas Neues ist.

Worum es m.E. geht, möchte ich abschließend im Gespräch mit dem Buch *Metaphorische Wahrheit*, der Doktorarbeit des katholischen Theologen *Johannes Hartl*, klären. In ausführlicher Auseinandersetzung mit wichtigen theologischen und philosophischen Strömungen der Gegenwart geht es Hartl letztlich um die Einsicht, die im Zentrum dieses Kapitels steht: Von Gott reden können wir gar nicht anders als metaphorisch, also zeichenhaft, symbolisch, vermittelt über Bilder und Geschichten.[22] Hartl beschreibt, dass es sich dabei um eine herausfordernde Einsicht handelt. Im Theologiestudium habe er gemerkt, dass sich viele darauf einlassen – und dabei nach und nach merken, dass ihr bisheriges wörtliches oder buchstäbliches Bibel- und Glaubensverständnis naiv und unreflektiert war. Nicht wenige verlieren über dieser Einsicht jegliche Glaubenszuversicht. Und ja, so würde ich aus meiner Erfahrung bestätigen, das gibt es, dass TheologInnen

22 In der Theologie gibt es große Diskussionen darüber, welche Denkformen – Bilder, Symbole, Metaphern, Gleichnisse, Erzählungen etc. – was genau leisten können und was nicht. Für unseren Zusammenhang ist das zweitrangig, darum nenne ich neben den von Hartl besonders bearbeiteten Metaphern auch andere Vermittlungsformen wie die oben genannten.

lernen, über religiöse Kommunikation zu reflektieren, und darüber fast verlernen, selbst religiös zu denken und zu sprechen. Das Reden über religiöses Reden kann bis in die religiöse Sprachunfähigkeit führen. Auf der anderen Seite sieht Hartl eine andere problematische Reaktion: Für eine andere „Gruppe von Menschen gefährdet die Theologie den Glauben eher, als dass sie ihm dient. Wahrer Glaube ist in dieser Glaubensweise gerade nicht von rationaler Reflexion geprägt, sondern vom Vertrauen auf die Bibel, die Tradition, das Lehramt. Diese Sicht könnte man als ‚verteidigte erste Naivität' bezeichnen: eine Weltsicht, die naiv ist, weil sie sich nicht hinterfragen lassen möchte. [...] Im Bereich des Religiösen entspricht ihr etwa der Glaube an die wortwörtliche Wahrheit der Bibel und der Dogmen, die völlig fraglose Einteilung der Welt in wahre und falsche Aussagen mit den Aussagen der religiösen Sprache als eindeutig zu den wahren gehörend. Eine solche Haltung geht einher mit dem festen Glauben an gewisse moralische Prinzipien und religiöse Handlungen."[23]

Hartl lässt keinen Zweifel daran, dass er eine solche Haltung für theologisch unzureichend hält. Die kritischen Einsichten der Theologie, dass alle unsere Gedanken über Gott eben *unsere* Gedanken sind, *unsere* Bilder und Deutungen, kann im schlimmsten Fall das Vertrauen auf Gott, die persönliche Hingabe, untergraben. Es wäre verheerend, die vermeintliche Naivität der Frömmigkeit einfach nur aufzulösen. Entscheidend sei daher die Einsicht, dass man von Gott gar nicht anders reden kann als metaphorisch oder symbolisch und dass solche Rede von Gott ganz und gar biblisch und angemessen ist. Nötig sei daher eine zweite Naivität, ein neuer Glaube an die alten Bilder und Geschichten

23 Johannes Hartl, Metaphorische Theologie. Grammatik, Pragmatik und Wahrheitsgehalt religiöser Sprache, Berlin 2008, 485-486.

der Bibel. Eine solche „(metaphorische) Theologie lädt ein zu einer Hermeneutik des Vertrauens. Sie ermöglicht einen rational verantwortbaren Wiedereinstieg in die religiöse Bildwelt – wissend, dass es sich um eine Bildwelt handelt, doch darob ohne Scham. Und trotz allem in neuem, festem Glauben an die Wahrheit dieser Bilder."[24]

Der Grundthese Hartls stimme ich voll und ganz zu, ebenso seinem Anliegen, dass TheologInnen über ihren Einsichten aufpassen müssen, sich nicht nur noch im Reden über das Reden vom Glauben zu verstricken. Auf diesen Gedanken legt Hartl am Ende seines Buches den Hauptakzent. Wenn das Studium der Theologie dazu führt, dass seine Absolventen eine für die normalen Christen verständliche Sprache des Glaubens verlieren, ist das ein erhebliches Problem.

An dieser Stelle möchte ich einen Schritt weitergehen. Es mag stimmen, dass die große Mehrheit der Christen in Geschichte und Gegenwart naiv geglaubt hat bzw. glaubt, oft ohne Bewusstsein für den bildlich-indirekten Charakter der eigenen Gedanken über Gott.

Es ist allerdings auch ein Problem, wenn erwachsene Gläubige ihre Gottesvorstellungen mit Gott selbst verwecheln, wenn ihnen jedes Bewusstsein dafür fehlt, ihre Einsichten als das Stückwerk zu erkennen, das es ist. Dass alle unsere Worte zu kurz greifen, dass all unsere Einsicht nur eine Annäherung an das Geheimnis Gottes ist, das ist eine wesentliche Erkenntnis, die viele Christenmenschen dringend nötig haben. Daher möchte ich stärker betonen: Theologie ist nicht nur eine Gefahr, sie ist auch eine echte Chance. Ja, theologische Impulse können desillusionierend, verunsichernd wirken, letztlich aber auch befreiend.

24 Ebd.

In seiner letzten großen Vorlesung, wenige Wochen vor seinem Tod, erinnerte der große katholische Theologe *Karl Rahner* an die in diesem Kapitel besprochene klassisch kirchliche Lehre, dass alle Rede von Gott analog sei.[25] Rahner macht deutlich, dass das unter Theologen unterschiedlicher Richtungen völlig unstrittig ist, fährt dann aber fort: Diese Einsicht wird im Alltag viel zu oft vergessen. Alles, was wir sagen, müssen wir immer aufheben in Richtung auf das Geheimnis Gottes, das er selbst ist.

In zweierlei Hinsicht halte ich diese Einsicht heute für nötig. Erstens kann sie Christen helfen, mit eigenen Zweifeln, Fragen und Entwicklungen gelassener umzugehen. Es ist keine Katastrophe, wenn mich Gedanken über Gott, die mich in meiner Jugend begeistert haben, auf einmal kaltlassen oder befremden. Es ist nicht schlimm, wenn mir manche ehemalige Gewissheit heute als mindestens einseitig erscheint.

Zweitens kann die Einsicht in die Gebrochenheit aller Erkenntnis und Rede über Gott dabei helfen, Spannungen zwischen unterschiedlichen Gruppen leichter zu ertragen. In Zeiten der Polarisierungen schaffen es verschiedene Gruppen von Christen nicht, die anderen als Brüder und Schwestern zu sehen – weil sie hier oder dort vielleicht irren mögen. Wie selbstverständlich kann Jakobus sagen: „Wir irren alle mannigfaltig" (Jak 3,2). Wenn wir damit rechnen, dass alle unsere Gedanken nicht mit der Wirklichkeit zu verwechseln sind, sondern höchstens annäherungsweise stimmen, könnten wir anders denkende Christen anders betrachten. Diese Gruppe von Christen – man möge wahlweise an Fundamentalisten oder Relativisten, streng Konservative oder sehr Liberale denken – mag in die falsche Richtung gehen. Aber kann es sein, dass sie etwas vor Augen haben, was

---

25 https://www.youtube.com/watch?v=Vthweqb97I4.

ich übersehe? Dass sie für etwas eintreten, und wenn auch auf problematische Art und Weise, dessen Wert sich mir zu meinem Schaden noch nicht erschlossen hat? Was ist, wenn die anderen wenigstens ein wenig recht haben? Wenn ich nicht alles, aber doch etwas von ihnen lernen könnte?

III. Eine, meine oder keine Wahrheit?!

Lange wurde öffentlich nicht so intensiv über Wahrheit gerungen wie in den letzten Jahren. Worte wie „Lügenpresse“ oder „alternative Fakten“ werden zu Unwörtern des Jahres gekürt und scheinen diese Einschätzung zu bestätigen. Manche sagen, das sei eine Folge der sogenannten Postmoderne, die den Anspruch der Wahrheit gar nicht mehr ernst nehme. Fakten gibt es seither nicht mehr, oder man redet gleich unverblümt von „alternativen Fakten“, wenn einem die „Wahrheit“ nicht mehr gefällt. Wenn das gerade ein typisches Merkmal unserer Zeit ist – müssen wir dann nicht stärker aufpassen, nicht einfach leichtfertig von Symbolen der religiösen Sprache und Perspektiven des jeweiligen Glaubens zu reden? Ist es heute nicht an der Zeit, grundsätzlich wieder die unverzichtbare Bedeutung von Wahrheit herauszustellen?

1. Was ist Wahrheit?

„Was ist Wahrheit?“ (Joh 18,38) – das ist eine der berühmtesten Fragen der Bibel. Pontius Pilatus stellt diese Frage, denn er steckt in einem Dilemma. Machen wir uns dieses Dilemma noch einmal aus seiner Sicht deutlich. Da bist du römischer Statthalter in Judäa und lebst in einer Zeit, in der die Wut wächst. Die Auseinandersetzungen zwischen Römern und Juden, vor allem aber zwischen unterschiedlichen jüdischen Gruppen (Pharisäer, Zeloten etc.), werden immer schlimmer. Erst sind es Vorurteile, dann Feindbilder. Daraus erwachsen zunehmend Ausgrenzungen und Anfeindungen – und schließlich nackte Gewalt.

Und jetzt ist es wieder so weit, die religiösen Autoritäten haben jemanden gefunden, der ihre Überzeugungen so grundsätzlich in Frage stellt, dass er sterben muss. Nun durften die Juden unter römischer Besatzung keine Todesurteile vollstrecken. Darum wird dieser Jesus von Nazareth zu Pilatus geführt, er soll ihn zum Tode verurteilen. Die Anklage liegt vor, und Pilatus muss entscheiden: Sind die Vorwürfe gegen diesen Jesus von Nazareth berechtigt? Hat dieser Wanderprediger den Tod verdient? Pilatus kann diese Frage nicht aussitzen. Er muss ein Urteil fällen. Niemand hat ihn gezwungen, Karriere zu machen und Statthalter von Judäa zu werden, jetzt ist es seine Aufgabe, und dazu gehören solche Entscheidungen über Leben und Tod.

Was ist Wahrheit?, so fragt Pilatus in dieser Situation. Was meint er mit dieser Frage? Vielleicht denkt Pilatus ja: „Am liebsten würde ich euch ja meine Wahrheit sagen: Eure Religionsstreitigkeiten hängen mir so unsagbar zum Hals raus! Sage doch jeder, was er glaubt, und dann lasst alle, die das interessiert, in Ruhe drüber nachdenken, der Rest ignoriere das einfach! Im Römischen Reich wird an Tausende von Göttern geglaubt, ohne dass wir Religionskriege haben. Ihr glaubt an einen – und zerstreitet euch darüber ohne Ende. Ich bin es so leid, dieses religiös begründete Sich-an-die-Gurgel-Gehen, dieses Aus-der-Haut-Fahren-vor-Wut, Bekämpfen, Sich-Abgrenzen, gerade auch von denen, die sich nicht genug abgrenzen …“ Vielleicht hatte Pilatus solche Wahrheiten im Kopf. Aber er ist natürlich zu professionell, das so direkt zu sagen.

Vielleicht ringt er auch mit Fragen, die bis heute diskutiert werden. Schon damals gab es Philosophenschulen, die sich ganz entschieden für die Suche nach vernünftiger Wahrheitserkenntnis aussprachen. Sie argumentierten: Wenn wir darauf verzichten, die Wahrheit vernünftig erkennen zu wollen, dann lösen sich die Fragen nicht einfach auf. Für ihre Beantwortung gilt dann das Recht des Stärkeren. Dann setzt sich der durch, der anderen seine Meinungen aufzwingen kann. Andere philosophische Strömungen lehnten einen solchen Vernunftoptimismus als zu dogmatisch ab und behaupteten, dass gerade diese Fixierung auf Wahrheit für lauter Streit sorge. Sie hielten eine Haltung der Skepsis und Gelassenheit für die weiseste Haltung im Streit der Meinungen. Oft muss man das eigene Urteilen einfach nur zurückhalten, um Frieden zu finden.

Bis heute ist das eine klassische Streitfrage für Diskussionen, von philosophischen Seminaren bis hin zu den sozialen Netzwerken. Es mag gut sein, dass Pilatus von diesen Debatten gewusst hat. Aus seiner Situation hätte er gut etwas dazu beitragen können. Manchmal hat man seine Frage „Was ist Wahrheit?“ im Sinne der skeptischen Haltung gedeutet: Wenn diese großen Fragen zu schwer, zu heiß oder zu kontrovers werden – lassen wir sie doch einfach offen. Jeder sei seiner Meinung gewiss. Das Problem dabei ist: Im wirklichen Leben ist Skepsis oft keine Option. Denn auch keine Entscheidung ist eine Entscheidung. Wenn Pilatus in seiner Eigenschaft als Richter sagt: Ich bleibe skeptisch, mich hat nichts so richtig überzeugt – dann hat er eine eindeutige Entscheidung getroffen: nämlich Freispruch aus Mangel an zwingenden Beweisgründen. Manchmal kann man nicht *nicht* wählen. Man muss sich zur Wahrheitsfrage verhalten. Also gut, könnte man meinen, Skeptizismus, das ist eine Haltung, die man sich nur als Zuschauer leisten kann. Also stellt sich doch die Wahrheitsfrage. Aber was ist denn dann in dieser Situation die Wahrheit? Gerade das ist ja das Problem des Pilatus, an Wahrheitsansprüchen mangelt es ihm nicht. Auf der einen Seite hat er nach der Darstellung der Evangelisten recht bald die Überzeugung: Schuldig im Sinne der Anklage ist dieser Jesus von Nazareth nicht. Aber direkt sagt Pilatus das nicht, denn er ist gleichzeitig von einer anderen Wahrheit überzeugt: Wenn er das sagt, könnte die Stimmung leicht explodieren. Religiöse Auseinandersetzungen haben im Judentum seiner Zeit mehrfach zu Mord und Totschlag geführt, und das möchte kein Verantwortlicher riskieren, vor allem nicht, wenn die Stadt Jerusalem so voll ist wie in Tagen des Passahfestes. Ach ja, und dieser Jesus redet auch noch etwas von *seiner* Wahrheit, *seiner* Sendung durch den Gott der Juden. An welche absolute Wahrheit soll sich Pilatus denn jetzt halten?

Man kann sich am Dilemma des Pilatus klarmachen: Sowohl die Behauptung einer absoluten Wahrheitserkenntnis wie die eines völligen Wahrheitsrelativismus sind bestechend einfach. Darum sind beide Positionen heute beliebt. Nur ist der bloße Verzicht auf die Wahrheitsfrage ein Luxus der Unbeteiligten, während das vollmundige In-Anspruch-Nehmen der Wahrheit leichter ist als der Nachweis, was in einer konkreten Situation denn nun wirklich wahr ist.

Fangen wir noch einmal ganz grundsätzlich an: Im Grunde wissen wir alle, wie das Wort Wahrheit im Alltag funktioniert.

Mit Wahrheit meinen wir in der Regel die Übereinstimmung einer Aussage bzw. eines Gedankens mit der Wirklichkeit. Die Aussage „es regnet“ ist wahr, wenn draußen tatsächlich die Tropfen vom Himmel fallen. Und es bereitet uns keine Schwierigkeit, eine solche Aussage zu überprüfen. Wir sehen nach. Auf dieser Alltagsebene gehen praktisch alle von diesem Wahrheitsbegriff aus. Aber was ist mit einer Aussage wie: „Ich freue mich, dass es regnet.“ Oder: „Gott lässt es regnen, weil die Bauern darum gebetet haben!“? Wie überprüft man, ob solche Aussagen der Wirklichkeit entsprechen? Man kann nicht immer einfach nachsehen. Nicht jede Wirklichkeit ist einfach objektiv zugänglich. Die spannende Frage ist ja: Wie finden wir in solchen Fragen heraus, was die Wahrheit ist? Wie haben es denn die klassische Theologie und auch Philosophie gemacht? Wenn Wahrheit die Übereinstimmung von Reden und Wirklichkeit ist, ist die entscheidende Frage die: Wie finde ich Zugang zur Wirklichkeit? Vieles ist uns über unsere Sinne direkt erschlossen. Anderes leuchtet uns und allen anderen unmittelbar ein, es ist evident wie die Regeln des logischen Denkens oder der Mathematik. Wieder anderes nehmen wir auf Autorität hin für wahr. Zu Gott etwa gibt es keinen direkten Zugang. Nur indirekt ahnen wir in den Werken der Schöpfung etwas von Gottes Macht und Weisheit. Von Gott, sagte man, können wir nur das wissen, was er uns offenbart. Gott ist die Wahrheit. Daher hat niemand von uns Zugang zur absoluten Wahrheit. Und all unsere Erkenntnis ist eine Annäherung an die Wirklichkeit. Es gibt echte Erkenntnis, aber keine absolute. Echte Erkenntnis hat Teil an der Wahrheit. In diesem klassischen Denken hat das Objektive Vorrang vor dem Subjektiven, die Tradition vor dem Neuen, das Intellektuelle vor dem Emotionalen. Noch heute gibt es Menschen, denen das am ehesten einleuchtet.

Wie ist es denn in der Moderne? Die modernen Wissenschaften entstehen im christlichen Kulturkreis. Das ist kein Zufall. Viele Naturforscher waren davon überzeugt, dass Gott so, wie er die geistige Welt durch sein Gesetz ordnet, auch die natürliche Welt durch Gesetze bestimmt hat. Ferner waren sie zuversichtlich, dass, wenn diese Welt das Werk eines vernünftigen Gottes ist, sie auch vernünftig erforscht und begriffen werden kann. Am Anfang aller wissenschaftlichen Forschung stand die Zuversicht, dass man die Welt mit Hilfe von Logik, Mathematik und der Erwartung von Gesetzmäßigkeiten wirklich wird begreifen können. Zu dieser Zuversicht hat der christliche Glaube erheblich beigetragen.

Die eigentliche Herausforderung bei jeder Erkenntnis ist es, den richtigen Zugang zu einer Sache zu finden, die richtige Methode, mit der man die eigenen Fragen wirklich beantworten kann. Es gibt viele Dinge, die real sind, ohne dass man sie sehen kann. Die Wissenschaften haben gelernt, die Leistungsfähigkeit unserer Sinne mit technischen Geräten wie Mikroskopen und Teleskopen auszuweiten, Dinge sichtbar zu machen, die extrem klein oder sehr weit weg sind. Wir haben auch gelernt, Phänomene sichtbar zu machen, für die wir eigentlich keine eigenen Sinnesorgane haben, wie Magnetismus, Elektrizität, Strahlung etc. Und manches lässt sich bis heute nur indirekt nachweisen, z.B. schwarze Löcher. Daher ist die Wissenschaft notwendigerweise ein Gemeinschaftsunternehmen. Denn kein Mensch baut sich alleine auch nur ein Mikroskop. Und um miteinander fragen, forschen und diskutieren zu können, verabreden Menschen verbindliche Standards, Methoden, Messeinheiten, Begriffe. Auf diesem Wege wurde mehr und mehr deutlich: Wahrheitserkenntnis gibt es nie unmittelbar. Sie ist abhängig von Werkzeugen, von Methoden, von Maßeinheiten und schließlich Modellen.

Auf diesem Wege wurden die Grenzen des traditionellen

Wahrheitsbegriffs (Wahrheit als Übereinstimmung von Aussagen und Wirklichkeit) immer deutlicher. Dieser Korrespondenztheorie der Wahrheit (Korrespondenz = Übereinstimmung) stellte man daher Ergänzungen bzw. Alternativen zur Seite. Die Kohärenztheorie der Wahrheit besagt: Wir können nicht einfach die Wahrheit unserer Aussagen an der Wirklichkeit überprüfen. Unser Ziel muss bescheidener sein: Thesen über die Wirklichkeit wollen wir dann als möglicherweise wahr bezeichnen, wenn sie zu unseren bisherigen gutbegründeten Wahrheitsüberzeugungen passen, d.h. mit ihnen kohärent sind. Noch vorsichtiger – vielleicht aber auch noch anspruchsvoller – ist die Konsenstheorie der Wahrheit: Als wahr kann gelten, worüber wir in einem langen Austausch von Gründen und Argumenten Konsens erzielen.

Gegenüber der Vormoderne kommt es in diesen modernen Fragen nach Wahrheit im Laufe der Zeit zu Verschiebungen. Früher galt: mehr Traditionsverbundenheit im Alltagswissen, das oft ungenau war, dagegen Zuversicht in letzten Fragen. Die moderne Tendenz lautet: extreme Genauigkeit im alltäglichen Detail, große Zurückhaltung in letzten Fragen wie Gott, Freiheit, Unsterblichkeit.

In den letzten Jahrzehnten wurde zunehmend diskutiert, ob diese moderne Zuversicht – durch die Wissenschaften nach und nach allen Wahrheiten auf die Spur zu kommen, die sich überhaupt erkennen lassen – nicht ihrerseits überholt ist. Sind die Wissenschaften nicht selbst in vielen Fragen in anscheinend niemals abschließbare Grundsatzdebatten verstrickt? Tragen die Wissenschaften am Ende gar nicht dazu bei, aus vielfältigen Meinungen zur einen Wahrheit zu finden, sondern vermehren sie die Pluralität der Weltbetrachtungen nicht noch? Müssen wir akzeptieren, dass der Pluralismus unentrinnbar ist? Ist das das Ende aller modernen Versprechungen der Aufklärung vom Fortschritt durch Erkenntnis der Wahrheit? Leben wir inzwischen in der Postmoderne, in der sich alle bisherigen Wahrheitskonzepte auflösen?

Natürlich kann man heute Menschen finden, die sagen: So etwas wie Wahrheit gibt es nicht mehr. Aber seien wir ehrlich: Das Gespenst des postmodernen Relativismus wird mit Vorliebe von denen beschworen, die in ihrer absoluten Wahrheit ein Heilmittel für alle Welträtsel gefunden zu haben glauben. Denn in der wirklichen Welt kann man sich täglich davon überzeugen, dass die meisten Menschen den Unterschied von Wahrheit und Lüge recht gut kennen und darauf auch großen Wert legen. Hat man je Menschen zum Dieselskandal sagen hören: Hey, warum die Aufregung? Was sind schon Messwerte? Das liegt doch alles im Auge des Betrachters bzw. in der Nase des Prüfers! Niemand sagt so etwas. Wenn Menschen sagen: In der Postmoderne nimmt keiner mehr die Wahrheit ernst, die heutigen Menschen sind Relativisten – dann ist das Nonsens. In der Post- oder Spätmoderne geht es nicht darum, ob es so etwas wie Wahrheit gibt, sondern darum, wie wir mit der Vielfalt von Wahrheitsüberzeugungen umgehen in Bereichen, in denen man nicht einfach nachgucken kann, was stimmt. Wieviel Pluralität ist lebbar? Das ist das postmoderne Dilemma.[26]

26 Vgl. insgesamt Patrick Becker, Jenseits von Fundamentalismus und Beliebigkeit. Zu einem christlichen Wahrheitsverständnis in der (post-)modernen Gesellschaft, Freiburg 2017.

2. Jesus Christus – die Wahrheit

Was versteht der christliche Glaube unter Wahrheit? Manchmal kann man hören, in der Bibel gebe es einen ganz anderen Wahrheitsbegriff als in der Philosophie. Das ist mindestens ungenau. Halten wir uns hier nur an das Johannesevangelium. Zunächst mal finden wir hier ganz selbstverständlich das klassische Wahrheitsverständnis. Wenn Jesus sagt: „Ich bin dazu geboren, dass ich die Wahrheit bezeuge" (Joh 18,37), ist klar: Damit bekräftigt Jesus, dass sein vorangegangener Satz „Ich bin ein König" wahr ist, d.h. der Wirklichkeit entspricht. Komplizierter ist es mit dem berühmten Ausspruch: „Ich bin die Wahrheit" (Joh 14,6). Wenn sich Wahrheit normalerweise auf Aussagen oder Gedanken bezieht – was soll das dann bedeuten, wenn hier eine Person mit der Wahrheit identifiziert wird?

Man kann diese Aussage im Sinne des klassischen Wahrheitsverständnisses verstehen: So wie Jesus der Weg zu Gott (Joh 14,6) ist, die Tür zu Gott (Joh 10,9), so ist er die Wahrheit über Gott. In Jesus offenbart sich Gott selbst, er ist das Wort Gottes (Joh 1,1). Jesus ist das Gleichnis Gottes, so, wie er gelebt, geliebt und gehandelt hat, so ist Gott. Darum ist er die Wahrheit. Die Bibel hat nicht einfach einen ganz anderen Wahrheitsbegriff. Markant ist vor allem, wie sich Wahrheit über Gott erkennen lässt. Und dabei wird deutlich: Christliche Wahrheitserkenntnis gibt es nicht einfach in Form von objektiven Sätzen, die auf Beobachtungen beruhen und sich als Wissen mitteilen lassen. Der christliche Wahrheitsbegriff hat in dieser Hinsicht ein paar besondere Aspekte:

a) Beziehung

Jesus sagt: „Wer aus der Wahrheit ist, der hört meine Stimme" (Joh 18,32). Wahrheit erschließt sich in der Begegnung mit Gott.

Wenn Jesus die Wahrheit ist, dann kann ich nicht einfach mein noch so richtiges Denken über ihn als die Wahrheit bezeichnen. Ich bekomme die Wahrheit über ihn nicht in den Griff. Sie erschließt sich mir, wo ich auf seine Stimme höre und wo ich aus seiner Wahrheit lebe. Seine Wahrheit mag alle meine Erkenntnis immer übersteigen, aber was immer ich erkennen kann, lerne ich nur in der Begegnung mit ihm.

b) Prozess

„Wenn ihr bleiben werdet an meinem Wort, so seid ihr wahrhaftig meine Jünger" (Joh 8,31). Nicht die punktuelle Begegnung mit Jesus allein, sondern das Bleiben bei ihm bzw. seinem Wort macht nach dieser Aussage Wahrheitserkenntnis möglich, und das heißt auch: Die Wahrheit des Glaubens erschließt sich nicht auf einen Schlag. Es gibt Stufen des Verstehens, Fortschritte in der Erkenntnis. Wahrheitserkenntnis ist ein Prozess. Und das gilt anscheinend nicht nur für den Anfang des Glaubens, sondern ganz grundsätzlich.

c) Verwandlung

Die Fortsetzung des Satzes lautet: „... und werdet die Wahrheit erkennen, und die Wahrheit wird euch frei machen" (Joh 8,32) Wahrheit befreit, dieser Satz ist sicher auch ganz allgemein wertvoll. Wer sich selbst besser kennen und verstehen lernt, kann frei werden von Illusionen und falschen Mustern seiner Selbst- und Weltwahrnehmung. Noch einmal umfassender gilt dies für die Wahrheit des Glaubens. Wer Gott kennenlernt, wird frei von allen falschen Bildern auch über sich selbst. Er wird befreit für das, was Gott aus ihm machen kann. Erkenntnis im christlichen Sinne bedeutet immer auch Veränderung, Verwandlung. Schon ganz allgemein gilt: Was ich über mich denke, hat Auswirkungen darauf, wie ich mich sehe und wie ich mit mir umgehe – und schließlich auch bin. Calvin, der Reformator von Genf, konnte darum betonen: Gotteserkenntnis und Selbsterkenntnis sind untrennbar miteinander verbunden.

d) Praxis

Christliche Wahrheitserkenntnis ist schließlich keine Schreibtischangelegenheit. Sie erschließt sich im Leben und zeigt sich im Handeln: „Wenn wir sagen, dass wir Gemeinschaft mit ihm haben und doch in der Finsternis leben, lügen wir und tun nicht die Wahrheit“ (1Joh 1,6). Christliche Wahrheit ist nicht nur eine Frage des Erkennens, sondern des Tuns. Die Fußballfans kennen den Ausspruch des ehemaligen Trainers Otto Rehhagel: „Die Wahrheit liegt auf dem Platz.“[27] In dieser Hinsicht ist der Fußball ein hilfreiches Gleichnis für das Wahrheitsverständnis des christlichen Glaubens.

Diese Aspekte eines biblischen Wahrheitsverständnisses kann man nicht einfach den üblichen Konzepten von Wahrheiten als Alternative gegenüberstellen. Ganz allgemein gilt ja: Jede Wahrheitserkenntnis muss ihrem Gegenstand gerecht werden. Viren und Bakterien sieht man nicht mit bloßem Auge. Magnetismus hat weder Geruch noch Farbe. Man muss sich auf die jeweilige Art einer Sache einlassen, um sie erkennen zu können. Und wo es um Menschen und um Gott geht, muss man sich auf diese Realität selbst einlassen. Oder mit den Worten Jesu: „Wer Gottes Willen tun will, wird innewerden, ob diese Lehre von Gott ist

27 Um im Zusammenhang der Wahrheitsfrage genauer zu sein: Rehhagel variierte damit bewusst ein Wort des Fußballbundesligaspielers Alfred (Adi) Preißler: „Entscheidend is auf'm Platz.“

oder ob ich aus mir selbst rede" (Joh 7,17). Darin liegt die Besonderheit des biblischen Begriffs von Wahrheit, er verkörpert ein relationales oder dialogisches Wahrheitsverständnis.

3. Wahrheit auf Pandora

Wie finden wir sie nun also – Wahrheit über Gott? So viel ist deutlich geworden: Wir finden die Wahrheit über Gott nicht einfach in der Bibel im Sinne von richtigen Sätzen, die sich mitschreiben und auswendig lernen lassen. Eine solche Annahme setzt ein Konzept von Wahrheit voraus, dem die Bibel gerade widerspricht. Gott ist kein Sachverhalt, über den sich streng objektiv, distanziert und unpersönlich Wahrheit nachweisen oder ausschließen lässt. Es gibt keine Wahrheitserkenntnis über Gott ohne dieses Sich-Einlassen auf Begegnung, Entwicklung, Veränderung und Praxis.

Die größte Analogie ist die Frage: Wie findest du denn die Wahrheit über einen Menschen heraus? Helfen wir uns mit einem Filmbeispiel. Viele werden den Film *Avatar* von James Cameron (2009) gesehen haben. Die Handlung des Science-Fiction-Films spielt auf dem Planeten Pandora. Auf diesem Planeten finden sich viele Rohstoffe, die von der Menschheit rücksichtslos abgebaut werden. Nur die Ureinwohner machen den irdischen Besatzern immer wieder Probleme, weil sie sich von ihrem Grund und Boden nicht einfach vertreiben lassen wollen. Der querschnittsgelähmte Soldat Jake Sully wird zu diesem Planeten gebracht, um dort den Platz seines verstorbenen Bruders, eines Wissenschaftlers, einzunehmen, um bei der Befriedung der Ureinwohner zu helfen. Damit Sully mit den Eingeborenen, den Na'vi – übergroße blaue menschenähnliche Wesen –, in Kontakt treten kann, nutzt er einen Avatar. Dabei handelt es sich um einen künstlich erzeugten Körper der Ureinwohner, der mit menschlicher DNA versetzt wurde, sodass er mittels einer neuronalen Verbindung von einem Menschen genutzt werden kann, während dessen menschlicher Körper in einem Labor verbleibt.

In diesem Avatar findet Sully dann auch schnell Kontakt zu den Na'vi. Nach anfänglichen Schwierigkeiten findet er zunehmend Akzeptanz und taucht immer tiefer in ihre Welt ein. Schließlich verliebt er sich in die Na'vi-Frau Neytiri und allmählich auch diese sich in ihn. Aber diese Liebe steht unter schwierigen Vorzeichen. Die Na'vi wohnen in einem rohstoffreichen Gebiet, das die Menschen ausbeuten wollen. Die Menschen, die hinter Sully stehen, haben unterschiedliche Vorstellungen über seinen Auftrag. Die Wissenschaftler sind vor allem an der friedlichen Erforschung des Planeten und seiner Lebensformen interessiert. Das Wirtschaftsunternehmen und die Armee haben hingegen einen anderen Auftrag für Jake Sully: Er soll die Ureinwohner ausspionieren, ihre Schwachstellen herausfinden und so oder so dazu beitragen, dass sie ihr Stammesgebiet verlassen; freiwillig oder zur Not auch durch Gewalt.

Die entscheidende Frage in diesem Film ist immer wieder: Wem kannst du vertrauen? Können die Wissenschaftler diesem ehemaligen Soldaten vertrauen? Oder beteiligt er sich an diesem Projekt nur als Handlanger seiner militärischen Freunde? Kann Sully dem General vertrauen, der ihm verspricht: Wenn er die Eingeborenen erfolgreich ausspioniert, könnte die Army ihm auf Erden die teure Operation zur Heilung seiner Querschnittslähmung bezahlen? Und vor allem: Können die Ureinwohner ihm vertrauen? Diesem merkwürdigen Wesen, das aussieht wie sie selbst, aber offensichtlich keiner von ihnen ist? Ist er ein Himmelsmensch oder ein Dämon? Du siehst es ihm nicht an. Die Ureinwohner empfangen Zeichen von der Natur, dass dieses Wesen vertrauenswürdig ist. Aber sind diese Zeichen eindeutig? Wie findet man die Wahrheit über einen Menschen heraus?

Es gibt eine Begrüßungsformel unter den Na'vi, die lautet: Oel ngati kameie. Die Übersetzung lautet: Ich sehe dich, mehr noch: Ich sehe in dich hinein. Darum geht es letztlich, wenn ich erkennen möchte, wer ein Mensch in Wahrheit ist. Aber wie sehe ich in ihn hinein? Okay, du kannst ihn fragen. Stehst du auf unserer Seite, kann ich dir vertrauen? Aber Menschen sind eine komplizierte Spezies. Denn erstens wissen sie auf grundlegende Fragen selbst nicht immer die Antwort. Und zweitens können sie lügen. Manchmal so gut, dass sie sich selbst etwas vormachen und bisweilen nicht mehr wissen, was sie wirklich glauben. Wer ein Mensch wirklich ist, ob er vertrauenswürdig ist oder nicht, findest du nur heraus, indem du dich auf ihn einlässt.

Bei den Na'vi ist es ein langer Prozess, das Vertrauen des anderen zu gewinnen. Vertrautheit entsteht – stark verkürzt gesagt – dadurch, dass man zusammen durch einen Wasserfall schwimmt, sich gemeinsam eine Steilklippe hinabstürzt, zusammen auf Drachen reitet und mit Bäumen spricht. Diese Wahrheit erschließt sich nur, wenn du dich mit deinem ganzen Leben auf denjenigen einlässt, um dessen Wahrheit es dir geht. Und was du auf diesem Wege erkennst, wird dich auch selbst verändern, so oder so.

So ähnlich, und das Wort verwenden wir inzwischen mit Bedacht, ist es mit Gott. Die Wahrheit, für die Jesus Christus einsteht, liegt nicht auf der Hand. Sie lässt sich weder beweisen noch widerlegen. Daher heißt es am Anfang des Johannesevangeliums: „Kommt und seht!“ (Joh 1,39ff.) Für die Wahrheit, die sich hier vielleicht finden lässt, gibt es keinen Wikipedia-Artikel. Denn solche Wahrheit geht nicht auf in richtigen Informationen. Das wäre die objektivistische Engführung des klassischen Wahrheitsbegriffs, der Wahrheit in der Übereinstimmung von Gedanken und Wirklichkeit sucht. Zugleich lässt sich Wahrheit auch nicht einfach reduzieren auf Wahrhaftigkeit, auf das bloß subjektive Gefühl: Für mich ist das stimmig. Das wäre die komplementäre subjektive Engführung. In diesem Spannungsfeld bewegt sich die Diskussion um Wahrheit. Die Wahrheit des christlichen Glaubens wird auf beiden Wegen verfehlt. Weder das Ideal der absoluten Objektivität noch die Verabsolutierung der Subjektivität („für mich fühlt es sich aber gut an") werden ihr gerecht.

4. „Das Kreuz Christi allein ist unsere Theologie" (Martin Luther)[28]

Nun mögen manche sagen: Na gut, in vielen Fragen mag es hilfreich sein, verschiedene Perspektiven ernst zu nehmen, auch mal die eine oder andere offene Frage auszuhalten; vielleicht auch unter Christen, vielleicht sogar in theologischen Fragen. Aber: Das kann höchstens bei Nebenfragen gelten. (Wobei die Frage, was genau Nebenfragen sind, gar nicht so einfach zu lösen ist ...) Aber in den zentralen Fragen – gibt es Gott, ist Christus auferstanden, erwartet uns ein Leben nach dem Tod? – kann es keine Vielfalt von Meinungen geben. Das sind Fragen des Bekenntnisses, daran hängt es, ob man Christ ist oder nicht.

Nun ist es sicher sinnvoll, zwischen zentralen und zweitrangigen Fragen zu unterscheiden. Richtig finde ich an diesem Einwand auch die Skepsis gegenüber einem „undogmatischen Christentum". Wer sich lange und intensiv mit der Geschichte christlicher Lehrstreitigkeiten befasst, der kann zwar eine gewisse Sehnsucht bekommen nach einem Christentum ganz ohne verbindliche Bekenntnisse, frei von Wahrheitsansprüchen. Aber im Ernst: Was unterscheidet am Ende ein undogmatisches Christentum von jedem anderen Ensemble, das sich auf die Weisheit von Leben und Lebenlassen einigen kann?

Auch bei dieser Frage kann man auf der anderen Seite vom Pferd fallen. Das geschieht überall da, wo man eine bestimmte Lehrformel als solche zum Gegenstand des Glaubens macht. Machen wir uns das ansatzweise klar an der Frage: Ist es für das Christentum notwendig, von der Heilsbedeutung des Todes Christi zu reden? Und wie?

28 Wörtlich auf Latein: „Crux sola est nostra theologia." WA 5,176.

Heutzutage gibt es beides: Auf der einen Seite gibt es Theologen, die diese Frage als solche überholt und unwichtig finden. Wieder andere halten nicht nur das Kreuz Christi für zentral, so wie etwa auch Martin Luther, der in der Überschrift dieses Kapitels zitiert wird. Sie legen auch Wert auf die richtige Theorie des stellvertretenden Sühnetodes Christi.[29]

Nun lässt sich diese Frage nicht einfach in Kürze abhandeln. Lehr- und hilfreich finde ich die Sicht, die man beim englischen Literaturwissenschaftler und christlichen Schriftsteller *C.S. Lewis* finden kann, dem wohl meistgelesenen theologischen Autor der evangelikalen Bewegung im 20. Jahrhundert. Es ist interessant zu sehen, wie Lewis im Laufe seines Lebens mit der Frage des Sühnetodes Jesu umgegangen ist.

> „Bevor ich Christ wurde, hatte ich immer den Eindruck, das Erste, was ein Christ glauben müsse, sei eine bestimmte Theorie über den Sinn und Zweck dieses Sterbens [Jesu Tod am Kreuz]. Nach dieser Theorie wollte Gott die Menschen strafen, weil sie von ihm abgefallen und zu dem großen Widersacher übergelaufen waren. Aber Christus erklärte sich bereit, sich an unserer Stelle bestrafen zu lassen, und so ließ Gott uns laufen."[30]

---

29 Der evangelikale Theologe John Stott hat in seinem Buch The Cross of Christ (1986) gezeigt, wie man die Fülle biblischer Bilder und Anschauungen sinnvoll miteinander verknüpfen kann, auf Deutsch: John Stott, Das Kreuz. Zentrum des christlichen Glaubens, Marburg 2009. Wer einen Überblick über die heutige theologische Debatte sucht, findet einen ausgezeichneten Überblick zu unterschiedlichen Deutungen in diesem Buch: Jörg Frey/Jens Schröter (Hg.), Deutungen des Todes Jesu im Neuen Testament, Tübingen 2007. Eine sehr ausgewogene und gelungene Darstellung findet sich im EKD-Text Für uns gestorben: https://www.ekd.de/fuer_uns_gestorben.htm.

30 C.S. Lewis, Pardon, ich bin Christ, Gießen 1986, 58.

Lewis schildert weiter, wie ihm das, was er als Atheist über diese Lehre gehört habe, lange Zeit geradezu absurd und unmoralisch vorgekommen sei. Bei seiner Bekehrung zum Christentum spielte dieses Thema dann auch keine nennenswerte Rolle. Als Christ habe er sich dann aber darum bemüht, die theologischen Gedanken zum Tod Jesu besser zu verstehen.

Beides scheint mir wichtig. Manche Christen scheinen jedes Gefühl dafür verloren zu haben, wie befremdend einige christliche Vorstellungen auf Außenstehende wirken, die nicht schon von Kindesbeinen an mit ihnen vertraut sind. Zugleich macht Lewis deutlich, dass man wichtige traditionelle Vorstellungen auch nicht einfach als gestrig oder überholt abtun sollte. Bei seinen Bemühungen wurde ihm vor allem eine Einsicht wesentlich:

> „Was ich später erkannte, war, dass weder diese noch irgendeine andere Theorie wirklich wiedergibt, was Christentum bedeutet. Der Kernpunkt des christlichen Glaubens besteht vielmehr darin, dass uns der Tod Christi irgendwie mit Gott versöhnt und die Möglichkeit eines Neubeginns gegeben hat. Theorien darüber – und es gibt unzählige, wie das geschieht – sind ein anderes Problem.“[31]

In seinem Buch *Pardon, ich bin Christ* bemüht sich Lewis, diese grundlegende Wahrheit noch ein wenig durch verschiedene Vorstellungen und Bilder zu verdeutlichen. Auch im zweiten Band seiner bekannten Kinderbuch-Serie Narnia versucht Lewis offensichtlich, den stellverstretenden Opfertod Jesu anschaulich und verständlich zu machen. Am Ende seiner Ausführungen betont Lewis aber noch einmal:

31 Ebd.

> „So also versuche ich den stellvertretenden Tod Christi zu erklären. Aber vergessen wir nicht, auch dies ist nur ein weiteres Bild. Verwechseln wir es nicht mit der Sache selbst. Und wem das Bild nichts nützt, der sollte es beiseitelassen.“[32]

Lewis´ Umgang mit dieser Frage ist vorbildlich. Ja, es lohnt, auch über fremde, sperrige und anstößige Aussagen der christlichen Bekenntnisse gründlich nachzudenken. Und zugleich ist wesentlich: Christen glauben nicht an Lehrsätze, sondern an Jesus Christus. Dogmatische oder lehrmäßige Formulierungen sind dabei eine Hilfe, und doch sind sie niemals mit der Sache selbst zu verwechseln.[33]

Was wir hier am Beispiel des Kreuzestodes Jesu sehen, ist von grundsätzlicher Bedeutung für alle christlichen Dogmen und Lehren. Es ist grundsätzlich wesentlich, zwischen einer Wahrheit und ihren Ausdrucksgestalten zu unterscheiden. In der katholischen Kirche wurde diese Unterscheidung im 2. Vatikanischen Konzil ausdrücklich betont:

> „Außerdem sehen sich die Theologen veranlasst, immer unter Wahrung der der Theologie eigenen Methoden und Erfordernisse nach einer geeigneteren Weise zu suchen, die Lehre des Glaubens den Menschen ihrer Zeit zu vermitteln. Denn die Glaubenshinterlage selbst, das heißt die Glau-

---

32 Lewis, 63.

33 Vgl. etwa im Blick auf die dogmatischen Formulierungen zum Sühnetod Jesu die Aussagen des pietistischen Theologen Karl Heims: „Alle Bilder, durch die wir uns den Tod Jesu veranschaulichen wollen, die Bilder des Opfers, des Loskaufs, der Strafe, der Sühne, so wertvoll sie sind als tiefsinnige Gleichnisse, sind doch nur menschliche Gefäße, die nicht imstande sind, den unergründlichen Inhalt zu fassen und auszuschöpfen.“ Karl Heim, Die Weltanschauung der Bibel, Erlangen ^{3}1921, 61.

benswahrheiten, darf nicht verwechselt werden mit ihrer Aussageweise."[34]

Nun ist „Glaubenshinterlage" (für lateinisch depositum fidei) kein schöner Begriff, aber die Konzilsväter übersetzen sich gleich selbst: Es geht um die Glaubenswahrheiten selbst. Die Unterscheidung zwischen der Glaubenswahrheit und ihren jeweiligen Gestalten in konkreten Aussagen ist für das Christentum wesentlich. Nur wenn wir diese Unterscheidung machen, kommen wir gut damit zurecht, dass 99,99 % aller Christen nicht die biblischen Texte selbst lesen – in ihren Ursprachen –, sondern in unterschiedlichsten Übersetzungen. Denn jede Übersetzung bringt so oder so Sinnverschiebungen mit sich. Nur so kommen wir auch gut klar damit, dass die vier Evangelien teilweise recht verschiedene Akzente in ihrer Wiedergabe der Verkündigung Jesu setzen. Wenn man nicht unterscheidet zwischen dem Glauben selbst und seinen Ausdrucksformen, macht man letztlich auch die Rechtfertigungslehre unmöglich. Es ist entscheidend, dass wir durch das Vertrauen auf Gott allein gerettet werden. Dieses Vertrauen hängt nicht in der Luft, es stützt sich auf die Verkündigung des Evangeliums von Jesus Christus. Wenn kein Werk, keine Leistung nötig oder möglich sind, sich der bedingungslosen Liebe Gottes würdig zu machen, heißt das natürlich auch: kein intellektuelles Werk. Wir glauben an den dreieinen Gott; nicht an unsere Theorien über die Trinität. Wir glauben an Jesus Christus; nicht an die Versuche, Gottheit und Menschheit in ihm angemessen zusammenzudenken. Lehre ist wesentlich. Sie kann helfen, das Evangelium vor Missverständnissen oder Verkürzungen zu beschützen. Die

34 Lewis, 62.

Kirche kann nicht ohne Lehre und das Nachdenken über diese sein. Das ist die Aufgabe von Theologie. Aber kein Mensch wird durch seine Theologie gerettet.

Theologie wird da eine sonderbare Angelegenheit, wo sie meint, sich von den großen Erzählungen, Symbolen und Bekenntnissen des Christentums einfach verabschieden zu können. Unter einem Christentum ohne zentrale Bedeutung von Kreuz und Auferstehung Jesu kann ich mir so viel vorstellen wie – unter veganer Blutwurst.[35]

Auf der anderen Seite gibt es bei einigen Christen eine merkwürdige Fixierung auf ganz bestimmte Formeln und Begriffe, sodass der dänische Christ Sören Kierkegaard einmal schrieb, manche Anhänger der strengsten Orthodoxie verbeißen sich in ihre dogmatischen Formeln derart, dass sie jemandem gleichen, der nicht versteht: Der Satz des Pythagoras kann nicht nur mit der Formel $a^2 + b^2 = c^2$ ausgedrückt werden, sondern auch in dieser Form: $x^2 + y^2 = z^2$. „Deshalb wird ihm angst, sobald er etwas hört, das nicht Wort für Wort dasselbe ist."[36]

Die heutige Herausforderung ist ja die: Es ist nicht zu übersehen, dass viele Begriffe, Bilder und Symbole, die manchen Christen noch lieb und vertraut sind, vielen anderen nichtssagend geworden sind; Außenstehenden, aber auch jüngeren oder einfach anderen Christen. Die Geschichte zeigt, dass jede Generation

35 Der Marburger Theologe Rudolf Otto bemerkte schon vor bald einem Jahrhundert zu Recht: „Ich würde aber selbst von einem besonnenen und scharfsichtigen bloßen ‚Religionsgeschichtler' erwarten, daß er etwa gestehe, daß er zwar weder ‚begreifen' noch ‚fühlend verstehen' könne, was Leuten an diesem ‚fantastischen' Werte einer ‚Sühne' gelegen sei, aber daß allerdings die Christen wähnten, dergleichen zu kennen, ja sogar es zu erfahren, und daß ihnen von allen ihren ‚fantastischen Heilsgütern' dieses das wichtigste erscheine." Rudolf Otto, Indiens Gnadenreligion und das Christentum, Gotha 1930, 82.

36 Sören Kierkegaard, Der Begriff Angst, Gütersloh 1991, 145.

nach neuen Worten und neuen Formulierungen sucht, um den christlichen Glauben für sich zu formulieren. Wo das gelungen ist, gab es immer beides, ernste Auseinandersetzungen mit der Bibel und dem Erbe der Bekenntnisse, aber auch den Mut zu neuen Bildern und Formulierungen. Beides wäre heute so wichtig. Zu viele sind höchstens zu einem bereit.

Wer auf der Suche nach dem neuen Wort meint, alle bisherigen Gestalten des christlichen Zeugnisses für erledigt zu erklären, darf sich nicht wundern, wenn er vor lauter Streit mit den Anhängern des alten Glaubens kaum zu neuen Gedanken findet. Wer aus Angst vor Irrtümern alle neuen Gedanken und Formulierungen radikal ablehnt und sich krampfhaft klammert an die Worte und Bilder, mit denen er selbst einmal den Glauben kennengelernt hat, darf sich nicht wundern, wenn er eines Tages nicht einmal seinen eigenen Kindern erklären kann, was er glaubt.

IV. Ist die Bibel Gottes Wort?

1. Streitfall Schriftverständnis

Viele heutige Diskussionen in der christlichen Welt landen früher oder später beim Schriftverständnis. Das zeigt sich vor allem bei den strittigen ethischen Problemen der Gegenwart, aber auch in theologischen Grundfragen, etwa des Verständnisses des Todes Jesu oder der Allversöhnung. Das Ergebnis, so sind viele überzeugt, hängt am jeweiligen Verständnis der Bibel.

So oder ähnlich hört man es oft. Ist das so? Ob man Kinder als Babys tauft oder später, ob Bilder im Gottesdienstsaal hängen oder nicht, wie der Sonntag sich zum Sabbat verhält, wie in der Flüchtlingsfrage zu handeln wäre etc. Kann man tatsächlich sagen, dass bei vielen Diskussionen unter Christen das jeweilige Verständnis der Bibel entscheidend ist? Offensichtlich kommen auch Christen, die sich im Bibelverständnis völlig einig sind, in sehr vielen Fragen zu ganz unterschiedlichen Erkenntnissen.

Offenbar gibt es eine große Sehnsucht nach der richtigen Grundlage, von der her sich schwierige Fragen dann auch möglichst klar beantworten lassen. Wenn alle sich wirklich der Bibel unterordnen würden – oder wenn alle die unverzichtbare Bedeutung der historisch-kritischen Exegese begriffen –, dann könnte man endlich auch zur Einigung finden. Eine solche starke Betonung des Bibelverständnisses funktioniert als Versprechen: Von der richtigen Ausgangsposition her kommen wir auch zu den richtigen Erkenntnissen. Diese Zuversicht ist vielfach widerlegt worden. Trotz ähnlicher Hochschätzung der Bibel haben sich orthodoxe Lutheraner und Reformierte im 17. Jahrhundert gegenseitig verketzert. Bibeltreue Christen der Gegenwart kommen zu völlig unterschiedlichen Lehren in Fragen des Kirchen- oder Sakramentsverständnisses. In den evangelischen Landeskirchen gab und gibt es Pfarrer, für die die historisch-kritische Methode selbstverständlich ist und die gleichwohl in der Frage der Trauung gleichgeschlechtlicher Paare zu unterschiedlichen Erkenntnissen kommen.

Ganz so einfach ist es also nicht. Aber richtig ist auch: Nicht das jeweilige Bibelverständnis spielt in vielen Fragen die alles entscheidende Rolle, sondern die Bibelauslegung. Langfristig betrachtet hat sich natürlich in den letzten Jahrhunderten etwas Neues entwickelt: Die menschliche Seite der Bibel wird betont wie nie zuvor. Und ob bzw. inwiefern die Bibel als Gottes Wort bezeichnet werden kann, ist keineswegs unstrittig. Darum ist es wichtig, über die Bibel ins Gespräch zu kommen. Wie kam es dazu, dass in der heutigen Theologie die menschliche Seite der Bibel so stark betont wird?

2. Gotteswort in Menschenwort

Was ist die Bibel? Es gibt heute einen sehr weit verbreiteten Konsens, die Bibel als Gottes Wort im Menschenwort zu verstehen. Wie ist es zu dieser Formulierung gekommen? Zunächst einmal ist es eine Grundüberzeugung im Judentum wie im Christentum, dass Gott redet: „Unser Gott kommt und schweiget nicht“ (Ps 50,3). Natürlich ist klar, dass „Reden“, wie jedes Wort, das wir auf Gott beziehen, metaphorisch bzw. symbolisch gemeint ist.

Sodann zeigt ein gründlicheres Studium der Bibel sehr schnell, dass eine einfache Gleichsetzung von biblischen Texten und Gottes Reden, die unvermittelte Bezeichnung der Bibel als „das Wort Gottes“, die biblischen Aussagen zu dieser Frage erheblich verkürzt. Die biblischen Texte kennen einen solchen unmittelbaren Offenbarungscharakter der ganzen Bibel gar nicht, sondern reden sehr differenziert vom „Wort Gottes“:

a) als Gottes Selbstmitteilung in Jesus Christus als dem Wort Gottes (Offb 19,13; Joh 1,1)
b) dem Evangelium von Jesus Christus als Gottes eigenem Wort (Röm 1,16f.; 1 Kor 1,18; Gal 1,6-12; 1Thess 2,13)
c) der Heiligen Schrift, der Thora, der prophetischen und der übrigen Schriften (vgl. Lk 24,27) als dem Zeugnis des Evangeliums bzw. Jesu Christi (Joh 5,39; Röm 1,1-2; 2Tim 3,14-17)
d) der Jesusüberlieferung (1Kor 9,14) und der apostolischen Verkündigung (2Petr 3,15-16) als Herrenwort oder Schrift („wie auch die anderen Schriften“ [2Petr. 3,16])
e) der urchristlichen Verkündigung als Wort Gottes (1Thess 2,13; „*Wenn jemand redet, rede* er‘s als *Gottes Wort.*“ 1Petr 4,11)

Ist nun die Bibel Gottes Wort? Diese Frage führt uns auf eine

Gratwanderung. Viele moderne Christen sagen: Wir können die Bibel nicht mehr als das Wort Gottes bezeichnen. Die Bibel ist offensichtlich geprägt von der Sprache und dem Weltbild der Menschen, die sie verfasst haben. Darum können wir allenfalls sagen: Die Bibel bezeugt das Wort Gottes, sie enthält es oder ist ein Hinweis darauf. Die Stärke dieser Position ist es, dass sie die Bibel beim Wort nimmt: Die biblischen Texte reden kaum von sich selbst, sondern von Gott und seinem Handeln. Auf der anderen Seite sollte man auch das bedenken: Die neutestamentlichen Autoren haben ganz offensichtlich die Schriften des Alten Testaments als Wort Gottes gelesen, genauso wie die allermeisten Christen in der Kirchengeschichte. Wer die Bibel nicht als Wort Gottes bezeichnen will, möchte sich häufig vom fundamentalistischen Wort-Gottes-Verständnis abgrenzen – und bleibt diesem damit verhaftet.

Die Bibel ist nicht einfach „das" Wort Gottes. Die Unterscheidung zwischen Jesus Christus selbst bzw. dem Evangelium von Jesus Christus und der Bibel ist schlechthin entscheidend. Christen glauben an Jesus Christus und nicht an die Bibel. Das ist kein falscher Gegensatz, sondern im Grunde eine Selbstverständlichkeit. Ganz richtig schrieb Rudolf Westerheide, der Bundespfarrer des EC-Verbandes (der Deutsche Jugendverband *Entschieden für Christus*) in seinem Bundespfarrerbericht von 2016: „Wir aber glauben nicht an die Bibel, sondern an Gott, der durch die Bibel zu uns spricht."[37] Denn viele biblische Texte können gar nicht „geglaubt" werden, sie wollen allenfalls befolgt, als Warnung gehört, gebetet oder gesungen sein – und vieles mehr. Das Evangelium von Jesus Christus allein wirkt Glaube. Das Gesetz oder die

---

37 http://www.ec-jugend.de/wp-content/uploads/2014/10/Bundespfarrerbericht-2016.pdf. S. 4.

Geschichten der biblischen Texte sind wichtig, können aber ohne das Evangelium in Verzweiflung treiben. Für die Reformation hängt an dieser Frage alles.[38]

Ein breites Spektrum von evangelischen, katholischen wie freikirchlichen Theologen bezeichnet daher die Bibel heute als Gotteswort im Menschenwort.[39] Diese Formel ist das Ergebnis einer langen Geschichte.

38 Hans-Joachim Eckstein, Wie will die Bibel verstanden werden? Zu einem evangelischen Schriftverständnis. In: ders., Wie will die Bibel verstanden werden? Holzgerlingen 2016, 133-160.

39 Diese Formulierung begegnet etwa im Abschlussdokument einer ökumenischen Arbeitsgruppe zum Schriftverständnis, an der Theologen wie Wolfhart Pannenberg und Karl Lehmann, Ulrich Wilckens und Walter Kasper beteiligt waren, vgl. Verbindliches Zeugnis III. Schriftverständnis und Schriftgebrauch, hg. von Theodor Schneider und Wolfhart Pannenberg, Freiburg 1998, 299. Dieselbe Formel findet sich aber auch auf der Seite der Theologischen Hochschule Ewersbach des Bundes der Freien evangelischen Gemeinden, vgl. http://www.th-ewersbach.de/gottes-wort-im-menschenwort/.

3. Kritik der Bibel?

Die Schriftauslegung der christlichen Kirchen befindet sich in einem permanenten Wandel. Die Reformatoren haben die Bibel grundsätzlich anders ausgelegt als noch die Kirchenväter oder die Theologen des Mittelalters. In den letzten 250 Jahren hat sich der Umgang mit der Bibel abermals weiterentwickelt durch den zunehmenden Einfluss des historischen Denkens auf die Theologie. Solche Veränderungen treten selten oder nie in einhelligen und harmonischen Entwicklungen zutage. Tatsächlich wird es heute in der weltweiten Ökumene vielfach diskutiert, inwiefern die historisch-kritischen Auslegungen der modernen Theologie der Bibel gerecht werden bzw. ergänzt werden müssen. Diese Frage ist so komplex und vielschichtig, dass sie an dieser Stelle nur angerissen werden kann.

a) Das sola scriptura der Reformation

Luthers reformatorische Entdeckung besteht darin, dass Gott den Menschen allein aus Gnade gerecht macht durch Christus allein. Der Mensch kann dazu nichts beitragen, sondern dieses Geschenk allein im Glauben empfangen. Zentrale Bedeutung hat das Evangelium. Der Glaube ist keine willentliche oder intellektuelle Entscheidung des Menschen für Gott: Der Zuspruch der Gnade Gottes, die mündliche Verkündigung, bewirkt das Vertrauen des Glaubens. Darum ist es heute in der Lutherforschung unumstritten, dass die reformatorische Rechtfertigungslehre erst da vollständig entfaltet ist, wo Luther dieses Verhältnis von Wort und Glaube aufgeht.[40] Diese Erkenntnis konnte man später auf

40 Vgl. Siegfried Zimmers Vortrag Luthers reformatorischer Durchbruch | 6.1.1. http://worthaus.org/worthausmedien/luthers-reformatorischer-durchbruch-6-1-1/

die reformatorischen Grundsätze solus christus, sola gratia und sola fide bringen.

Das sola scriptura wurde für Luther erst wichtig in der Auseinandersetzung mit der Papstkirche. Dass die biblischen Texte als Gottes Wort gelesen werden und einen grundsätzlichen Vorrang vor allen anderen Schriften hatten, war im Christentum immer klar. Die entscheidende Frage für Luther und seine Zeitgenossen war: Wessen Auslegung der Bibel ist verbindlich? Auf diese Frage lautete die katholische Antwort: Verbindlich ist die Auslegung des kirchlichen Lehramts, im Einklang mit der Tradition. Gott habe der Kirche seinen Geist verliehen, der sie in alle Wahrheit leitet. Es sei ausgeschlossen, dass die Kirche über ein Jahrtausend irren könnte. Diese Voraussetzung stellte Luther in Frage. Immer deutlicher wurde ihm, dass die paulinische Lehre von Gnade und Rechtfertigung seit Augustin nicht mehr richtig verstanden wurde, teilweise seit Paulus nicht. Darum hängt alles an der Erforschung des ursprünglichen Sinns der biblischen Texte selbst. Sola scriptura heißt bei Luther: Die Bibel selbst muss sich auslegen, sie muss mit der ursprünglichen Aussageabsicht ihrer Texte zur Geltung kommen. Keine menschliche Instanz kann das Fragen nach der biblischen Wahrheit durch letztgültige Auslegung beenden.

Der Genfer Reformator Jean Calvin ist Luther in den zentralen Fragen gefolgt. Von der Tendenz her kann man sagen, dass die Reformierten das Alte Testament stärker betont haben als die Lutheraner. Sie haben z.B. stärkeres Gewicht auf alttestamentliche Fragen wie die Sabbatheiligung gelegt oder alttestamentliche Begriffe wie die Bundesschlüsse Gottes stärker berücksichtigt als die lutherische Reformation. Ebenso vertrat Calvin die Auffassung, dass das Alte Testament auf Christus hin zu lesen sei. Er konnte das veranschaulichen durch das Bild der aufgehenden

Sonne und der fortschreitenden Zunahme ihres Lichts, bis es in Christus erscheint.[41]

b) Die Bibel im Zeitalter der Orthodoxie

In der lutherischen Orthodoxie geht die Unterscheidung von Evangelium und Bibel zunehmend verloren. Die orthodoxe Theologie weiß natürlich noch, dass Jesus Christus das Zentrum der ganzen Bibel ist. Gegenüber Kritik von katholischer und humanistischer Seite setzt sich jedoch zunehmend die Überzeugung durch: Glaubwürdig kann die Bibel als Christuszeugnis nur sein, wenn an ihrer Verlässlichkeit insgesamt kein Zweifel zugelassen wird. Als Offenbarung Gottes ist die Bibel die Grundlage der Theologie und des Glaubens schlechthin. Bibel und Wort Gottes werden nun gleichgesetzt. Dabei werden die Wahrheit und Vollkommenheit aller biblischen Aussagen zur Voraussetzung ihrer Göttlichkeit. Die Lehre von der Verbalinspiration wird zur entscheidenden Grundlage der gesamten orthodoxen Theologie. Gott wird als der eigentliche Autor und Urheber der ganzen Bibel gedacht, während die biblischen Autoren als seine Instrumente oder Werkzeuge verstanden werden. Da die Inhalte und die einzelnen Wörter direkt auf Gott zurückgehen, folgert z.B. der Theologe *Johann Friedrich König*, „soll es als Frevel gelten zu sagen, dass es in irgendeinem Teil des heiligen Buches sprachlich falsche Ausdrücke und Wendungen gibt“[42]. Jeder mögliche Zweifel müsse ausgeschlossen werden. Darum betonte mit *Johann Andreas Quenstedt* einer der bedeutendsten orthodoxen Theologen:

41 Vgl. Calvin, Institutio I.13.1; II.9.2; II.11.5.

42 Zitiert nach: Christine Axt-Piscalar, Was ist Theologie? Klassische Entwürfe von Paulus bis zur Gegenwart, Tübingen 2013, 129.

„Sobald man zugesteht, dass auch nur ein einziger Vers ohne den unmittelbaren Einfluss des Heiligen Geistes geschrieben ist, wird der Satan sofort dasselbe von dem ganzen Kapitel, einem ganzen Buch und schließlich von der gesamten Bibel behaupten und damit alle Autorität der Bibel aufheben."[43]

c) Die Bibel und das historische Denken der Neuzeit

Im *16. und 17. Jahrhundert* gerät die orthodoxe Bibelauffassung immer mehr unter den Druck der modernen Wissenschaft. Im Mittelalter und in der Reformationszeit war noch das ganze Weltbild von der Bibel geprägt. Gott galt als Urheber der Schrift und der Natur. Darum war man überzeugt, dass diese beiden Offenbarungen einander nicht widersprechen können, dass aber das Buch der Natur im Lichte des Buches der Offenbarung gelesen werden müsse. Die Erde wurde als Mittelpunkt des Universums gedacht, um das sich Sonne, Mond und Sterne am Himmel bewegten. Sie galt vielfach als eine kreisförmige Scheibe, auf der sich die drei Kontinente Europa, Asien und Afrika gemäß den drei Söhnen Noahs um Jerusalem als Mittelpunkt der Erde verteilten. Die These des *Nikolaus Kopernikus*, dass sich in Wahrheit nicht die Sonne um die Erde, sondern die Erde um die Sonne drehe, war selbst für Luther ein Schock. Die fortschreitenden Entdeckungen durch *Johannes Kepler* und *Galileo Galilei* machten das neue Weltbild der Astronomie zunehmend unabweisbar.

Eine Zeitlang behalfen sich orthodoxe Schriftausleger mit einer Theorie der Akkommodation (Anpassung) Gottes. Gott habe natürlich schon immer gewusst, wie das Universum aufgebaut sei. Er habe sich in seiner Offenbarung aber angepasst an das Fassungsvermögen seiner Leser. Kepler schlug vor, dass die Bibel

---

43 A.a.O., 130.

more humano, auf menschliche Weise, von der Welt rede. Dass die Sonne auf- und untergeht, sei nun einmal die menschliche Wahrnehmung.

Aber auch eine solche Sicht bekam zunehmend Schwierigkeiten, z.B. im Blick auf die traditionellen Vorstellungen zur Gestalt der Erde und dem Ablauf der Weltgeschichte. Die Entdeckungen *Amerikas und Australiens* veränderten allmählich die bibelbegründete Geographie. Die Entdeckungen immer neuer Völker, die Wahrnehmung außereuropäischer Hochkulturen, ihrer Geschichtsschreibung und Imperien machte es zunehmend unmöglich, die ganze Menschheit auf Sem, Ham und Japhet zurückzuführen. Hatte man lange wie selbstverständlich die biblischen Texte als die ältesten Urkunden der Menschheit angesehen, so bemerkte man mehr und mehr, dass andere geschichtliche Überlieferungen wie die der Babylonier, Ägypter und Chinesen noch weiter zurückreichten – und sich nicht mit den biblischen Berichten über die Anfänge der Menschheit in Einklang bringen ließen.

Der französische Protestant Isaac de La Peyrère (1596 – 1676)[44] unternahm im Jahr 1655 einen spektakulären Versuch, so viel wie möglich von der biblischen Urgeschichte zu retten. In seinem Werk *Die Prae-Adamiten* versuchte er, den historischen Adam letztlich nur noch als Stammvater Israels zu verstehen und damit gleichzeitig die Möglichkeit von Menschen und Völkern zuzugestehen, die sich nicht auf die biblische Genealogie der Menschheit zurückführen ließen. Katholische, lutherische und reformierte Theologen verdammten sein Werk gleichermaßen, sodass es sofort 1655 in Paris verbrannt wurde. *La Peyrère* wurde

44 Klaus Scholder, Ursprünge und Probleme der Bibelkritik im 17. Jahrhundert. Ein Beitrag zur Entstehung der historisch-kritischen Methode, München 1966, 98ff.

ins Gefängnis geworfen und musste seine „Irrtümer" öffentlich bereuen und widerrufen. Freigelassen wurde er erst, als er zum Katholizismus konvertiert war.

Die Wissenschaften lösten sich zunehmend von allen Versuchen, die Bibel als Rahmen der Welterkenntnis vorauszusetzen. Unter den gebildeten Christen setzte sich mehr und mehr die Einsicht durch, dass die Autorität der Bibel ihre theologischen Aussagen betreffe, nicht aber ihre Ausführungen zu geschichtlichen, naturkundlichen oder politischen Fragen. Die meisten Theologen dieses Zeitalters wollten über diese Brücke nicht gehen. Im 18. Jahrhundert dehnte sich die kritische Geschichtswissenschaft auf die Bibel selbst aus.

Das Verständnis der Bibel als des irrtumslosen und widerspruchsfreien Wortes Gottes wurde von Generationen von Christen hochgehalten, die bereit waren, ihre Maßstäbe, solange sie es konnten, mit Hilfe von staatlichen Gewalt- und Zwangsmaßnahmen durchzusetzen. Im Laufe des 18. Jahrhunderts ging diese Epoche unrühmlich zu Ende. Das Zeitalter der Orthodoxie hatte der Christenheit große Künstler wie Johann Sebastian Bach oder Paul Gerhardt geschenkt. Die Theologen dieser Zeit sind alle in Vergessenheit geraten.

Seit dem Zeitalter der Aufklärung setzte sich zunehmend eine Bibelauslegung durch, für die es eine Frage der intellektuellen Redlichkeit war, jede dogmatische Bevormundung grundsätzlich abzulehnen. Für die Geschichte der Schriftauslegung bringt diese Geschichte einen sehr langfristigen Trend mit sich: Kritische bzw. skeptische Schriftauslegung steht nicht selten bis heute in dem Ruf, mutig, vorurteilslos, rational und wissenschaftlich zu sein. Konservative, kirchlich-traditionell orientierte Schriftauslegung wird leicht verdächtigt, unkritisch, voreingenommen, gehemmt und leichtgläubig zu arbeiten. Je mehr sich in einem Land die wissenschaftliche Bibelauslegung ihre Freiheit erkämpfen musste (wie in Deutschland), desto stärker wirken solche Voraunahmen nach.

d) Die dritten Wege der Schriftauslegung – am Beispiel des Pietismus

Die moderne Debatte steht stark im Bann der wechselseitigen Abgrenzung von Fundamentalismus und Bibelkritik. Die Fokussierung auf die jeweiligen Extreme einer Debatte lässt zu oft in den Hintergrund treten, dass die meisten Bibelausleger bemüht sind, die falschen Eindeutigkeiten zu vermeiden. Ich möchte an dieser Stelle an die Schriftauslegung im Pietismus erinnern, der größten Frömmigkeitsbewegung im Protestantismus seit der Reformation, die im Umgang mit der Schrift einen anderen Weg genommen hat als Orthodoxie und Aufklärung. Der Pietismus entstand in der kritischen Auseinandersetzung mit der Orthodoxie. In seiner Programmschrift *Pia Desideria* (1675) klagte der Begründer des Pietismus, *Philipp Jakob Spener,* die herrschende Theologie seiner Zeit an, den christlichen Glauben durch permanente Streitsucht zunehmend unglaubwürdig zu machen. So mancher vermeintliche Streit um die Wahrheit befördere nicht die Frömmigkeit, sondern gefährde diese. Wenn es Spener darum ging, „das WORT GOTTES reichlicher unter uns zu bringen“[45], dann wollte er damit eine Schriftauslegung im Dienste der christlichen Erbauung fördern. Auch für den reformierten Pietisten *Gerhard Tersteegen* ist die Bibel das Wort Gottes. Entscheidend ist ihm die rechte Haltung im Umgang mit der Bibel:

45 Philipp Jacob Spener, Pia Desideria. Programm des Pietismus, Wuppertal 1964, 55.

> „Die Schrift ist uns gegeben, dass wir daraus lernen sollen, Gott und unseren Nächsten zu lieben; dies ist das Gesetz und die Propheten (Mt 22,40). Wenn wir aber im Gegenteil nur Zankgründe darin suchen, unsre besonderen Meinungen eigensinniger Weise zu behaupten, unsern armen Nächsten zu bekämpfen, zu schmähen und zu verketzern, so missbrauchen wir die Schrift, die ein Arzneiladen, nicht eine Waffenkammer ist.“[46]

Die Pietisten gaben den verzweifelten Abwehrkampf der Orthodoxie um die irrtumslose Wahrheit der Bibel nach und nach auf. In ihrer Konzentration auf den geistlichen Gebrauch der Bibel vermieden sie weitgehend die Auseinandersetzung mit der zunehmenden kritischen Untersuchung der biblischen Geschichte selbst. *Graf Zinzendorf* hat sich als einer der wenigen der Diskussion gestellt und sagte: „Die Heilige Schrift ist in meinen und meiner Brüder Augen wahrhaftig Gottes Wort.“[47] Zugleich galt ihm aber:

> „Der [Heilige Geist] lässt die Leute reden, so gut sie können, er macht ihnen nicht mehr Verstand und Gedächtnis, als sie haben. Er ändert nichts an ihren natürlichen Qualitäten, sondern wie der Mensch gebaut ist in seinem Körper und Gemüt, so bleibt er, wenn er sich bekehrt.“[48]

Zinzendorf hat daher keine Schwierigkeit mit der Einsicht, dass

46 Gerhard Tersteegen, Weg der Wahrheit, Stuttgart 1968, 37.

47 Nikolaus Ludwig Graf von Zinzendorf, Er der Meister, wir die Brüder. Eine Auswahl seiner Reden, Briefe und Lieder. Hrsg. von Dietrich Meyer, Gießen 2000, 214.

48 A.a.O., 215.

die Bibel nach historisch-philologischen Maßstäben mitnichten fehlerlos ist. Diese Menschlichkeit der Bibel ist für Zinzendorf kein Makel. Gerade so hat Gott sie erwählt und gebraucht sie bis heute. So muss man nicht bestreiten, „dass die Bibel so viele Fehler hat als kaum ein Buch, das heutigen Tages herauskommt, welches mir wenigstens ein unumstößlicher Beweis für ihre Göttlichkeit ist“[49]. Entscheidend ist der zentrale Inhalt der Bibel, das Zeugnis von der Erlösung durch Christus:

> „Aber die Wahrheiten, die Harmonie der Ideen, sonderlich die Grundideen der göttlichen Grundlagen von Anbeginn, die müssen bei aller Varietät des Stils, bei allem Unterschied der Argumente nach ihrer Schwäche oder Stärke, bei allen Differenzen immer eben dieselben sein, sodass ein Knecht des Herrn, der sich auf die Bibel beruft, muss sagen können: ‚Von diesem Jesus zeugen alle Propheten, dass in seinem Namen alle, die an ihn gläuben, Vergebung der Sünden empfangen sollen.‘“[50]

Im 19. und 20. Jahrhundert gab es noch einige Versuche, an das Bibelverständnis der lutherischen und reformierten Orthodoxie anzuknüpfen. Weitgehend aber haben dem Pietismus verbundene Theologen wie *Johann Georg Hamann, August Tholuck, Julius Müller, Hermann Cremer, Martin Kähler, Adolf Schlatter, Karl Heim, Julius Schniewind* u.a. einen anderen Weg beschritten. Im Anschluss an die Reformation haben sie die Offenbarung Gottes in Christus als Mittelpunkt des christlichen Glaubens betont und die Heilige Schrift als Grundlage ihres Glaubens in Ehren gehal-

49 A.a.O., 214.

50 A.a.O., 215-216.

ten. Zugleich haben sie sich auf die historische Forschung der Bibel nicht nur eingelassen, sondern diese für notwendig gehalten. *Martin Kähler* betont:

> „Unter Gottes Wort aber verstehen wir mit der Bibel die Art, wie es Gott gefällt, sich uns kundzumachen oder zu offenbaren. Zerlegt man die Bibel in einzelne Stücke, und zwar in Verse und Worte, dann ist es nicht schwer zu zeigen, dass sich die Bezeichnung ‚Gottes Wort' nicht buchstäblich auf dieses Einzelne anwenden lässt. [...] Aber im Grunde ist uns ja die ganze Bibel nur Kunde von dem Gott und Vater unseres Herrn Jesu Christi und von seiner errettenden Liebe zu uns."[51]

Kähler grenzt sich damit grundsätzlich ab vom (quasi fundamentalistischen) Inspirations- und Bibelverständnis der Orthodoxie: „Die historisch-kritische Arbeit an der Bibel zerstört unerbittlich das Vorurteil, dass hier ein Wunderbuchstabe für die Offenbarung bürge."[52]

Martin Kählers Wirkungsgeschichte zieht sich durch das gesamte 20. Jahrhundert. Seine Grundlinien überzeugten sowohl auf Seiten lutherischer Theologie (*Paul Althaus*) wie bei gewichtigen Vertretern der Wort-Gottes-Theologie (*Karl Barth, Emil Brunner*). Kongenial fruchtbar gemacht wurde diese Offenheit für das geschichtliche Verstehen beim dem Pietismus nahestehenden Theologen *Adolf Schlatter:*

> „Man hat zur Glaubwürdigkeit der Schrift oft dies gezählt, dass sie in jedem Wort vollständig richtig sei, dass sich nir-

51 Martin Kähler, Aufsätze zur Bibelfrage, Berlin 1967, 39.

52 A.a.O., 89.

> gends ein Versehen, nirgends eine Dunkelheit, nirgends eine Verschiedenheit zwischen dem Sachverhalt und der Darstellung zeigt. Diese Fehllosigkeit besitzt die Bibel nicht, weder in ihrer Geschichtsschreibung noch in ihrer Weissagung."[53]

Dieser Umgang mit der Bibel wurde im 18. Jahrhundert von einigen Pietisten als unausweichlich erkannt und von den meisten erwecklichen Theologen des 19. und 20. Jahrhunderts praktiziert. Der Fundamentalismus, der die Bibel unter der Voraussetzung ihrer absoluten Irrtumslosigkeit lesen möchte, ist im Wesentlichen eine moderne Entwicklung des 20. Jahrhunderts. Denn die früheren Formen der Schriftauslegung hatten schlicht und einfach noch keine Verhältnisbestimmung zu den empirischen Wissenschaften zu leisten – weil es diese in ihrer modernen Gestalt noch gar nicht gab.

---

53 Adolf Schlatter, Die Bibel verstehen. Aufsätze zur biblischen Hermeneutik, Gießen 2002, 122-123.

4. Sicherheit oder Gewissheit?

Gerade die erwecklichen, pietistischen Theologen des 19. und 20. Jahrhundert haben durchgehend darauf hingewiesen, dass man die evangelische Gewissheit der Gottesgemeinschaft nicht verwechseln dürfe mit der Sicherheit von Lehrüberzeugungen. Der im Pietismus verwurzelte Theologe und Bibelwissenschaftler Julius Schniewind schrieb: Gewissheit bezieht sich auf die „Beziehung zwischen Personen, zwischen lebendigen Menschen, zwischen Menschen und dem lebendigen Gott". Sicherheit hingegen darauf, dass „Sachen und Dinge verlässlich sind"[54]. Schniewind zeigt, dass Luthers reformatorische Kritik der kirchlichen Missstände seiner Zeit ein falsches Streben nach Sicherheit trifft: Sicherheit im mit Brief und Siegel versehenen Ablass, Sicherheit in den sichtbaren Reliquien. Dagegen stellte Luther das Vertrauen auf das lebendige Evangelium, auf die mündliche Zusage des Heils. Schniewind nennt eine ganze Reihe von Versuchen im Laufe der Kirchengeschichte, den eigenen Glauben in irgendeiner Form absichern zu wollen: Christen suchen Sicherheit in der Gestalt eines unfehlbaren Lehramts der Kirche, in der absolut richtigen Lehre, in einer einheitlichen und untrüglichen Tradition der kirchlichen Bekenntnisse. Auch die Behauptung einer irrtumslosen Bibel gehört in diese Reihe. Für Schniewind stehen auch manche Erscheinungen moderner Theologie in dieser Linie. Wer Gott so abstrakt zum Absoluten, Unbedingten bzw. Unendlichen erhebt, begibt sich damit ebenfalls in eine Lage, dass man daran nicht wirklich zweifeln, darin aber auch nicht wirk-

54 Julius Schniewind, Gewissheit, nicht Sicherheit. Zur reformatorischen Unterscheidung von certitudo und securitas, in: ders., Zur Erneuerung des Christenstandes, Göttingen 1966, 33-44, 36.

lich Trost und Gewissheit finden kann. Auf diesem Weg wird der Verzicht auf Sicherheit selbst zum Prinzip gemacht. Echte Gewissheit des Glaubens ist das auch nicht.

Sehr skeptische und fundamentalistische Bibelauslegung sind einander ähnlicher, als beide wahrhaben wollen. Beide arbeiten mit absoluten Kriterien. Das ist auf der einen Seite die Irrtumslosigkeit der Bibel und auf der anderen Seite die Allmacht des historischen Bewusstseins, die Vorstellung, dass der Historiker über ganz klare Maßstäbe verfüge und von vorneherein ausschließen könne, dass Gott redet und tote Menschen auferweckt werden. Beide Herangehensweisen an die Bibel erscheinen völlig gegensätzlich. Beide Herangehensweisen erzielen ein Maximum an Eindeutigkeit. Wunderberichte darf man in beiden Ansätzen nicht mal hypothetisch in Zweifel ziehen oder für realistisch halten. Die methodischen Grundentscheidungen schließen die Möglichkeit des Zweifels an den eigenen Vorannahmen von vorneherein aus. Der ebenfalls dem Pietismus verbundene Neutestamentler *Klaus Haacker* kann mit Recht eine „strukturelle Verwandtschaft zwischen der kritizistischen und der fundamentalistischen Position“[55] beobachten. „Wenn wir uns der kritischen Arbeit verweigern, weil wir fürchten, die ganze Botschaft der Bibel könnte uns darüber unsicher werden, so glauben wir schon nicht mehr an die Kraft des biblischen Wortes, unseren Glauben zu wecken und uns durch die Schwankungen unseres Erkennens hindurch im Glauben zu bewahren.“[56]

Warum kämpfen manche Christen für die Irrtumslosigkeit der Bibel auch in Fragen der Geologie oder Astronomie? Denn

55 Klaus Haacker, Securitas oder certitudo. Grundentscheidungen in der Anwendung und Kritik historischer Methoden in der Bibelauslegung, in: ders., Biblische Theologie als engagierte Exegese, Wuppertal 1993, 43-54, 44.

56 A.a.O., 51.

auch diese Christen selbst lesen ja gar nicht die Bibel, um aus ihr ihre Kenntnisse zu Sonne, Mond und Sternen zu gewinnen oder eine systematische Übersicht zu den Gattungen des Tierreichs und der Pflanzenwelt zu erlangen. Sie wollen schlicht und einfach vermeiden, dass es irgendwelche Aussagen in der Bibel gibt, die vermeintlich nicht stimmen, aus Sorge, dass die Bibel dann insgesamt als unzuverlässig angesehen werden könnte. Wofür dieser Aufwand? Es ist für sie offensichtlich eine Frage der Glaubensgewissheit. Wenn die Bibel grundsätzlich irren könnte – worauf kann man sich dann noch verlassen?

Dieses Bedürfnis nach Sicherheit sollte nicht das überlagern, was die biblischen Texte selbst über Gottes Offenbarwerden beschreiben. Wo immer die Bibel über Gottes Wirken redet, bleibt dieser Schleier: Gott zeigt sich und bleibt doch unsichtbar. Er rührt an und bleibt ungreifbar. Diese Spannung ist offensichtlich wesentlich, sie unterscheidet Glauben von Sehen, Vertrauen von Wissen. Manche Christen wünschen sich im Blick auf ihre Bibel eine Eindeutigkeit, die die biblischen Texte selbst in grundsätzlichen Fragen verweigern.

Diese Gefährdung gibt es nicht nur auf der einen Seite des theologischen Spektrums. Denn natürlich gibt es auch genug Beispiele von wissenschaftlicher Exegese, die den Texten und ihrem Geheimnis nicht dienen, sondern diese bevormunden oder schulmeistern. Kritisches Denken ohne Selbstkritik überschätzt leicht die eigene Aufgeklärtheit. *Christoph Markschies*, Kirchenhistoriker an der Berliner Humboldt-Universität und Vorsitzender der Kammer für Theologie der EKD, hat dies in einem bemerkenswerten Interview mit der Wochenzeitung DIE ZEIT einmal so formuliert: „Es wäre eine ziemliche menschliche Selbstüberschätzung, zu denken, dass die Grenzen unseres Verständnisses der Welt auch die Grenzen der Welt an sich wären.“[57] Es hat in dieser Hinsicht nicht an theologischen Selbstüberschätzungen gefehlt. Markschies grenzt sich ab von theologischen Strömungen, die an die Erkenntnismöglichkeiten der modernen Wissenschaft unrealistische Erwartungen hatten. „Der Theologe Ernst Troeltsch sagte: In den Geschichtswissenschaften kann nur als historisch akzeptiert werden, was in einer Kontinuität steht und nach denselben Mechanismen funktioniert wie andere historische Ereignisse. Das ist aber eine sehr problematische Position, weil es dann keine Neuheit in der Geschichte gäbe, etwas, was sich nicht aus Vorherigem ableiten lässt.“[58]

Kritiker der modernen Exegese tun so, als wären heutige BibelwissenschaftlerInnen nach wie vor im Rausch des Erkenntnisstolzes, wie es im 19. und 20. Jahrhundert teilweise der Fall war. Das hat mit der Realität an den theologischen Fakultäten wenig zu tun. Seit vielen Jahrzehnten wird die Debatte offen geführt, welchen Beitrag die Exegese zur Theologie insgesamt, aber auch für die Möglichkeit des Glaubens heute leisten kann. Markschies legt Wert auf die Einsicht:

> „Dem Protestantismus täte es gut, wenn er ein wenig mehr von den Grenzen der menschlichen Vernunft reden würde, wenn er mehr staunen könnte und gelegentlich wieder über Gott wie Welt verwundert wäre. […] Ostern ist etwas passiert, was ich nicht erklären kann. Ich bin nicht so töricht, dass ich, nur weil ich es nicht erklären kann, nicht daran glaube. Lieber staune ich darüber, dass der Tod nicht das letzte Wort hat, sondern das Leben den Sieg behält. Und ich freue mich darüber.“

57 http://www.zeit.de/2016/14/wunder-christentum-ostern-auferstehung-glaube.

58 Ebd.

Eine Exegese, die das Staunen vor dem Unerklärlichen verliert, die das Wunderbare und die Wunder nicht mehr wahrhaben möchte, verdient in der Tat kritische Rückfragen.[59]

Es wäre sehr viel gewonnen, wenn Christen die Einsicht in den Stückwerkcharakter aller Erkenntnis auf ihr Bibelverständnis anwenden könnten. Eine Inspirationstheorie, die das Wirken des Heiligen Geistes als Ausschluss des Menschen aus der Abfassung der Schrift versteht, ist weder aus der Bibel selbst abzuleiten, noch kann es in der Auslegung der biblischen Texte überzeugen. Ein wenig mehr Bescheidenheit und Demut[60] würde dieser gesamten Diskussion sehr guttun. Viel mehr noch als bei der Entstehung der Heiligen Schrift ist in biblischen Texten von der Bedeutung des Heiligen Geistes für das Verstehen der Bibel die Rede (1Kor 2,6-16).

Glaube hat es mit dem Geheimnis zu tun. Wer im Vertrauen auf Gott die Bibel liest, lässt sich immer auf ein Abenteuer ein. Bibellektüre als religiöse Pflichtveranstaltung oder als historische Bildungsveranstaltung kann vielleicht eine Zeitlang interessieren, aber m.E. nicht ein Leben lang, wenn da nicht mehr hinzukommt: eine Offenheit für das, was ich mir selbst nie sagen könnte. Eine Offenheit für das Ereignis; dass ich lese und lese und dabei die Erfahrung mache, gelesen zu werden; dass ich verstehen möchte und mich durch Verständnis beschenkt sehe. All das lässt sich weder methodisch planen noch durch richtige dogmatische Voraussetzungen sicherstellen oder auch nur wahrscheinlich ma-

---

59 Vgl. den Aufsatz von Markus Till: Stolz und Vorurteil? Wie wissenschaftlich ist die Bibelwissenschaft? Beobachtungen aus der Sicht eines Naturwissenschaftlers. http://blog.aigg.de/?p=3940.

60 Für dieses Anliegen setzt sich seit vielen Jahren Heinzpeter Hempelmann ein mit der von ihm geprägten Formulierung einer Hermeneutik der Demut. Vgl. ders., Nicht auf der Schrift, sondern unter ihr: Grundsätze und Grundzüge einer Hermeneutik der Demut, Lahr 2000.

chen. Zum Bibellesen gehört die Einsicht, dass ich nicht festhalten kann, was mich ergreift. Die Formulierung „Gotteswort in Menschenwort" ist eine Erinnerung an dieses Geheimnis. Diese Formulierung rechnet mit dem Ereignis, dass Gott zu Wort kommt und doch ganz unverfügbar bleibt. Wie der Gott des Moses, der ihm im brennenden Dornbusch erschien (Ex 3,1ff.). Wie der Gott des Elia, der nicht im Feuer und nicht im Sturm, aber im stillen sanften Sausen gegenwärtig war (1Kön 19,12). Wie beim Vater Jesu Christi, der seine Liebe niemals deutlicher offenbarte als im Leid und Tod seines Sohnes. So ist die Bibel Gottes Wort, als Zeichen, Hinweis und Zeugnis. Gotteswort in Menschenwort.

V. Sind alle Erzähltexte der Bibel historisch wahr?

1. Die 3D-Brille der historischen Bibelforschung

Auch sehr konservative Christen sind inzwischen bereit, die Notwendigkeit historischer Erforschung der Bibel grundsätzlich zu akzeptieren. Kritisch wird es für sie da, wo solche Auslegung nicht nur zu einem besseren Verstehen verhilft, sondern vermeintlich in Kritik umschlägt: Früher für historisch Gehaltenes wird auf einmal bezweifelt oder für ungeschichtlich erklärt. Liegt da nicht eine wesentliche Grenze zwischen notwendiger Bibelforschung und kritischer Anmaßung?

Man kann den Sinn historischer Forschung an der Bibel mit der Wirkung einer 3D-Brille vergleichen.[61] Im Kino funktioniert diese Sehhilfe ja so: Durch die 3D-Brille sieht man gleichzeitig, aber getrennt pro Auge, zwei verschiedene Bilder aus unterschiedlichen Perspektiven. Im Gehirn entsteht dadurch der Eindruck größerer räumlicher Tiefe. Mehr Hintergrund wird sichtbar, viele Details treten plastisch, fast greifbar hervor. Übertragen auf die historische Lektüre heißt das: Wer die Bibel historisch liest, sieht nicht mehr nur den konkreten Text. Gleichsam mit

61 Vgl. meinen Vortrag: Der Mann des Weibes Haupt – Gottes Bild eines Ehebundes im 21. Jahrhundert? | 6.8.2. https://www.youtube.com/watch?v=NTLfZjNRfD-c&t=844s

dem anderen Auge achtet man auf seinen historischen Hintergrund, indem man möglichst umfassend Quellen der damaligen Zeit zur Kenntnis nimmt. Eine solche „3D-Brille“ hat nicht die Funktion, den Menschen Dinge sehen zu lassen, die gar nicht da sind. So geht es in der historischen Bibelforschung nicht darum, in die Texte irgendetwas *hineinzugeheimnissen*, was sie gar nicht enthalten. Historische Forschung macht Texte dadurch verständlicher, dass der historische Kontext mit seinen kulturellen Besonderheiten mit präsent wird. Dabei gelingt natürlich immer nur eine Annäherung an eine jeweilige Zeit. Historische Forschung gibt niemals einen unverstellten Blick. Es ist eine grundlegende wie klassische Einsicht der modernen Hermeneutik, dass es kein voraussetzungsloses Verstehen gibt. Jedes Verständnis ist geprägt durch ein Vorverständnis wie auch durch ein erkenntnisleitendes Interesse. Viele Menschen lesen die Bibel durch die Brille ihrer Gemeindeprägung. Historische Forschung kann an dieser Stelle sehr wohl deutlich machen, dass eine Reihe unserer traditionellen Auslegungen der Bibel nicht der Aussageabsicht ihrer Verfasser entsprechen kann. Wir können uns ansatzweise bewusst werden, welche Traditionen uns leiten, unseren Blick verengen oder fokussieren. Wir können immer wieder neu fragen, was eigentlich gemeint ist – und so einen unverstellteren Blick bekommen.

2. Die Sintflut und die modernen Wissenschaften

Erörtern wir diese Frage an einem konkreten Beispiel, der biblischen Erzählung von der Sintflut (Gen 6-9). Nun ist es kein Geheimnis, dass die neuere Exegese diesen Text nicht für einen historischen Bericht über ein globales Ereignis in Raum und Zeit hält.[62] Einige Christen tun sich bis heute mit einem solchen Verständnis sehr schwer. Sie betreiben Ausstellungen zur Zuverlässigkeit der biblischen Urgeschichte oder bauen die Arche als Museumsschiff nach. Sie sammeln Argumente, warum es wirklich eine weltweite Flut gab, und suchen bis heute nach möglichen Landeplätzen. Für manche Christen ist der argumentative Einsatz für eine solche Sicht alternativlos. Wer sich von vorneherein hermeneutisch darauf festlegt, dass die biblischen Erzähltexte ausnahmslos historisch zu verstehen sind (wenn sie nicht ausdrücklich als Gleichnis etc. eingeführt werden), muss das so sehen.

In einem Interview im Pro Medienmagazin heißt es:

> „Wenn wir davon ausgehen, dass die Erdgeschichte tatsächlich so lang ist, wie heute gesagt wird, und wenn wir die Evolution zugrunde legen, dann wird es wirklich schwierig, einen Platz für eine weltweite Sintflut und die Arche zu finden. Aber wenn wir einen Blick in die Überlieferungen werfen, bezeugen sie ganz klar, dass es Noah gab. Hier müssen wir uns fragen: Wie ist unsere Welt wirklich entstanden? Ich glaube

62 Auch ohne viel Vorwissen über den historischen Hintergrund dieses Textes erschwert der Text selbst ein solches Verstehen sehr, wie Siegfried Zimmer in seinem Worthaus-Vortrag zur Sintflut anschaulich vor Augen geführt hat: http://worthaus.org/worthausmedien/kann-die-erzaehlung-von-der-sintflut-historisch-gemeint-sein-3-5-1/.

nicht, dass die Evolution des Menschen so sicher ist, wie uns vermittelt wird."[63]

Auf diese Weise werden gläubige Menschen von vorneherein auf die Alternative festgelegt: Entweder handelt es sich um eine glaubwürdige, historische Tatsache, die sich zumindest potenziell nachweisen lässt – oder es handelt sich „nur" um ein Märchen oder „nur" um einen Mythos aus grauer Vorzeit, sodass die Bibel keine verlässliche Basis mehr für unseren Glauben sein kann.

Nun sind die Gründe gegen ein historisch-wörtliches Verstehen der Sintfluterzählung vielfältig. Es ist nicht „die Evolutionslehre", die dem entgegensteht, sondern eine Fülle von Beobachtungen aus unterschiedlichsten Wissenschaften.

– *Astronomie und Chemie.* Wenn wir die Urgeschichte historisch ernst nehmen wollen, gilt das natürlich auch für ihre Chronologie. Die Sintfluterzählung ist durch viele Zeit- und Altersangaben (Gen 5,32; 7,6.11.24; 8,3.5.13) mit der Chronologie der Urgeschichte (Gen 1-11) eng verknüpft. Sie setzt offensichtlich, wie die ganze biblische Urgeschichte, eine junge Erde voraus. Diese chronologischen Angaben der Sintfluterzählung lassen sich mit verschiedenen Zeitmessungsmethoden aus unterschiedlichen Wissenschaften nicht verbinden. Astronomische Zeitbestimmungen mittels der Kenntnis der Lichtgeschwindigkeit als einer absoluten Konstante und der Positions- und Winkelmessung der Gestirne liefern keine Hypothesen, sondern verlässliche Ergebnisse mit mathematischer Präzision. Die Ergebnisse machen die Annahme einer sehr viel älteren Erde, als es in den Zahlen der Urgeschichte unterstellt wird, unausweichlich. Die

63 https://www.pro-medienmagazin.de/gesellschaft/weltweit/2014/03/31/die-arche-ist-kein-maerchen/

grundsätzliche Größenordnung dieser Zahlen wird durch radiometrische Zeitbestimmungsmethoden bestätigt. Liefert die Radiokohlenstoffdatierung zuverlässige Zahlen nur für die letzten Jahrzehntausende, so führen allein die messbaren radioaktiven Verfallsstadien von Uran zu Datierungen im Bereich von Milliarden von Jahren.

– *Geologie.* Die entscheidenden Probleme für ein historisches Verstehen der Sintflutgeschichte liegen jedoch in der Geologie.[64] Durch unterschiedlichste Methoden wird die Erdgeschichte der jüngeren Vergangenheit immer genauer rekonstruierbar. So kommt die *Dendrochronologie* zu Datierungen von Baumfunden mittels der Bestimmung ihrer Altersringe. Der Hohenheimer Jahresringekalender, ein Projekt der Universität Hohenheim bei Stuttgart, hat in einem internationalen Projekt einen lückenlosen Kalender für die letzten 14.500 Jahre in Mitteleuropa erstellen können.[65] Für diesen Zeitraum ist eine weltweite Sintflut schlechterdings unvorstellbar. Wieder anders funktioniert die Methode der *Warvenchronologie.* Sie beruht auf dem schichtweisen Auszählen von Sedimenten (Ablagerungen) in Seen oder Mooren. Das Meerfelder Maar in der Eifel macht eine Chronologie von mindestens 23.000 Jahren abzählbar. Weltweit laufen viele ähnliche Projekte. Auch hier bleibt für eine globale Sintflut kein Raum.[66] Bei solchen geologischen Befunden lassen sich Kli-

---

64 Siehe den lehrreichen Überblick zum Umgang mit der Sintfluterzählung im Laufe der Geschichte der Geologie: David R. Montgomery, The Rocks don't lie. A Geologist investigates Noah's Flood, New York 2013.

65 Siehe die Pressemitteilung der Universität Heidelberg, „Dank Baumringen, Eis und Sonnenwind – erstmals 14.500 Jahre lückenlose Geschichte“: http://www.uni-heidelberg.de/presse/news08/pm280402-3bau.html.

66 Vgl. den Vortrag des Geologen Prof. Dr. Helmut Brückner: „Geoarchäologische Aspekte zur Sintflut“.
https://www.youtube.com/watch?v=Z4AuhVEvp4I&t=8s

maschwankungen oder weltweite Katastrophen wie Meteoriteneinschläge nachweisen. Anzeichen für eine weltweite Sintflut finden sich nicht.

– *Paläogenetik.* Die genetische Forschung hat in den letzten Jahrzehnten unsere Möglichkeiten revolutioniert, die Geschichte der menschlichen Abstammung zu erforschen. Die DNA der australischen Aborigines z.B. unterscheidet sich so deutlich von allen anderen Menschengruppen, dass sich daraus ableiten lässt, dass sie für sehr viele Jahre getrennt von ihren menschlichen Verwandten auf der eurasischen Platte gelebt haben. Deutlich wird nicht zuletzt eines: Eine vollständige Auslöschung der ganzen alten Menschheit und ihre Neuentstehung aus einer einzigen Familie in den letzten 4000-5000 Jahren, die die ganze Erde neu bevölkern musste, sind unvorstellbar.[67] Eine solche radikale Reduktion der Menschheit müsste als „genetischer Flaschenhals", als radikale Verarmung des genetischen Spektrums einer Population, nachweisbar sein. Dafür gibt es keine Hinweise.

Man kann sich diesen Beobachtungen nicht einfach dadurch verweigern, dass man behauptet: Aber die modernen Naturwissenschaften können viele Fragen noch nicht beantworten! Wie ist das Leben entstanden? Was ist Bewusstsein oder Geist? Warum gibt es überhaupt etwas und nicht nichts? Ja, unzählige Fragen sind offen. Aber die moderne Wissenschaft ist kein Lückentext, dessen bislang lesbare Abschnitte erst dann verständlich genannt werden dürfen, wenn das letzte Wort eingetragen ist. Wissenschaft wird niemals alle Fragen beantworten können. Aber einzelne wissenschaftliche Entdeckungen können bestimmte Annahmen über die Welt schlicht und einfach widerlegen. Noch

---

67 Vgl. auch Hansjörg Hemminger, Und Gott schuf Darwins Welt. Der Streit um Kreationismus, Evolution und Intelligent Design, Gießen 2009, 128ff.

so viele offene Fragen ändern nichts daran, dass die Annahme einer jungen Erde so unhaltbar geworden ist wie die einer flachen Erde. Der renommierte Biologe Siegfried Scherer, der früher selbst dem Kreationismus nahestand, schreibt inzwischen:

> „Anders als der Kreationismus denke ich, dass ein junges Alter (‚Schöpfungsalter') des Universums und der Erde nur entgegen den meisten derzeit akzeptierten astronomischen und geophysikalischen Daten geglaubt werden kann. Auch die Annahme, dass die meisten geologischen Schichtfolgen in einem Jahr gebildet wurden, erscheint mir mit geologischen und paläontologischen Daten unvereinbar."[68]

– *Geschichtswissenschaften.* Nun gäbe es zu dieser Frage ja eine elegante Lösungsmöglichkeit, die auch konservative Evangelikale überzeugen könnte. Wie wollen denn die biblischen Texte selbst verstanden werden? Kann es sein, dass es sich z.B. bei den Schöpfungserzählungen um eine andere Textgattung handelt als bei anderen biblischen Berichten? Denn auch Christen, die das klassisch fundamentalistische Bekenntnis zur Irrtumslosigkeit der Bibel bejahen, legen Wert darauf, jeden biblischen Text gemäß seiner Gattung zu verstehen, als Bericht, als Gleichnis, als Gedicht etc. Der bekannte evangelikale Theologe Timothy Keller hat die Möglichkeiten eines solchen Zugangs in seinem zuletzt auf Deutsch erschienenen Buch *Adam, Eva und die Evolution*[69] dargelegt.

So macht Keller deutlich, dass das 1. Kapitel des Buches Genesis nicht nur deshalb nicht als historischer Bericht gelesen wer-

68 http://www.siegfriedscherer.de/content/kritische_thesen.html#Kritik.

69 Timothy Keller, Adam, Eva und die Evolution. Wie Bibel und Wissenschaft zusammenpassen, Gießen 2018.

den kann, weil er so stark von allem abweicht, was kosmologisch vorstellbar ist. Vielmehr sei erkennbar, dass dieser Text von seiner Gattung her kein prosaischer Geschichtstext ist, sondern ein poetischer Hymnus. Es wäre ein Missverständnis, ihn historisch zu lesen, genauso wie man Gleichnisse Jesu ja nicht nach ihrer historischen Tatsächlichkeit befragen darf. Zugleich sieht Keller für dieses Verfahren enge Grenzen. Die neutestamentlichen Autoren halten Adam und Eva für historische Gestalten. Darum müssten auch heutige Christen diese Texte als geschichtlich zuverlässige Berichte anerkennen.

Wenn wir Kellers Maßstäbe anwenden, verhält es sich mit der Sintflut wie mit Adam und Eva. Mehrere neutestamentliche Stellen scheinen diese Geschichte für wirklich geschehen zu halten (Mt 24,38; 2Petr 2,5). Man sollte es sich mit dieser Frage nicht zu einfach machen. Auf der einen Seite kann man viele Beobachtungen in den Sintfluttexten selbst sammeln, die einem geschichtlichen Verständnis widersprechen. Auf der anderen Seite muss man auch wahrnehmen, dass es in der Bibel durchaus Stellen gibt, wo ein geschichtliches Verständnis vorausgesetzt wird, z.B. auch die Geschlechterregister im Buch Genesis oder im ersten Chronikbuch. Wie soll man mit einem solchen Befund umgehen?

Der Literaturwissenschaftler und Apologet *C.S. Lewis* hat diese Herausforderung eindrücklich auf den Punkt gebracht:

> „Es gibt in der Geschichte des Denkens keinen verhängnisvolleren Irrtum als den Versuch, unsere Vorfahren auf eine Entscheidung für oder gegen ein Problem festzulegen, dass sich ihnen nicht stellte. Das heißt, eine Frage aufwerfen, auf die es keine Antwort gibt.“[70]

---

70 C.S. Lewis, Der innere Ring, Basel 1991, 52.

Natürlich konnte man in der Antike unterscheiden zwischen wirklich und fiktiv. Man las ein Gleichnis nicht als historischen Bericht. Nur: Moderne Unterscheidungen zwischen historisch und prähistorisch, zwischen Mythos, Sage und Legende etc. wird man auch nicht finden. Es wäre ein verzweifeltes Unterfangen, die antiken Texte hier vereindeutigen zu wollen.

Moderne WissenschaftlerInnen sollten über die Anfänge aller Dinge nicht so reden, als wären sie dabei gewesen und wüssten, wie alles war. Aber gleichzeitig müssen sie auch deutlich benennen, wie die Welt im historischen Rückblick aussieht. Der renommierte Geologe und bekennende Christ Helmut Brückner fasste es auf einem Vortrag im Zinzendorf-Institut Marburg so zusammen: „Für eine weltweite Flut, in der zu einem bestimmten Zeitpunkt alle Länder und Berge unserer Welt ertranken, fehlt jeder (natur-)wissenschaftliche Beleg."[71] Das ist keine Hypothese, die in irgendeiner Weise von Prämissen abhinge, „dass es keinen Gott gibt" oder Wunder unmöglich sind. Vielmehr sind es sehr viele konkrete Beobachtungen und Messungen von Geologen, Biologen, Genetikern und Historikern in aller Welt, die ein historisches Verstehen der Sintflut in den letzten 5.000 Jahren ausschließen. Man kann gegen solche Beobachtungen nicht anglauben. Die Mindestanforderung wäre ja wirklich, im Sinne der vormodernen Theologie das Buch der Natur im Lichte des Buches der Offenbarung zu verstehen. Wenn sich bestimmte Seiten des Buches der Natur beim besten Willen nicht in das bisherige Bibelverständnis integrieren lassen, muss man sich ernsthaft fragen, ob die bisherige Bibelauslegung von falschen Voraussetzungen ausgeht.

Ist die Bibel also durch die moderne Wissenschaft widerlegt

71 Vgl. die Folie ab Min. 26: https://www.youtube.com/watch?v=Z4AuhVEvp4I&t=8s.

oder zumindest des Irrtums überführt? Nein, natürlich nicht. Die Befunde sprechen nicht „gegen die Bibel", sondern nur gegen ein bestimmtes Bibelverständnis, das der Bibel völlige historische und naturkundliche Zuverlässigkeit zuschreibt. Ja, ein solches Bibelverständnis kann sich darauf berufen, dass die Bibel seit der Antike bis in die frühe Neuzeit von vielen so gelesen worden ist. Nur: Ein solcher Traditionsnachweis ist kein Beleg dafür, dass die biblischen Texte selbst so verstanden werden wollten. Der renommierte Astrophysiker Heino Falcke, der vielen Christen bekannt ist durch sein Zeugnis bei Pro Christ 2018 in Leipzig, sagt es in einem Vortrag so: Lasst uns „die Bibel ernst nehmen, nicht wörtlich nehmen im Sinne, dass wir jedes Wort so lesen, als wäre es ein wissenschaftliches Buch – das heißt die Bibel nicht ernst nehmen."[72] Wer die Irrtumslosigkeit der Bibel in allen historischen und naturkundlichen Fragen behauptet, der stellt Christen vor eine unsägliche Alternative. Sie müssen nicht nur ihren Glauben vor den Erkenntnissen der heutigen Wissenschaft schützen, sie müssen im Grunde konsequent die Möglichkeit wissenschaftlicher Welterkenntnis grundsätzlich in Frage stellen. Sie müssen sich von den wissenschaftlichen Erkenntnissen der letzten Jahrhunderte distanzieren – oder ihren christlichen Glauben aufgeben.

Manche Kritiker der wissenschaftlichen Bibelauslegung stellen es so dar: Die wissenschaftliche Exegese unterstellt der Bibel Hunderte von Fehlern und Irrtümern und macht sie dadurch unglaubwürdig. Allein ein bibeltreues Schriftverständnis, das von der Irrtumslosigkeit der Bibel in jeder Hinsicht ausgeht, macht ein echtes Vertrauen auf die biblische Heilsbotschaft möglich. M.E. verhält es sich genau umgekehrt. Erst angesichts der

72 https://www.youtube.com/watch?v=1OLLETuckqk.

Behauptung, die Bibel sei in allen historischen und naturkundlichen Fragen völlig irrtumslos, entstehen die vielen Fehler. Wer die Bibel historisch liest, als ein Dokument ihrer Zeit, kommt überhaupt nicht auf die Idee, in diesen Angaben „Fehler" zu suchen. Wenn die antiken Autoren Spanien für das Ende der Welt hielten, war das kein Fehler, sondern im Kontext des damaligen Denkens selbstverständlich.

3. Der Sinn der Sintflutgeschichte heute

Die moderne Bibelwissenschaft liest die Urgeschichte im Kontext ihrer Zeit. Gerade weil die historische Forschung die Texte ernst nimmt, fragt sie: Auf welches Vorwissen ihrer Hörer und Leser sind diese Texte eingestellt? Welche Fragen haben sich den Verfassern und ihren Leserinnen und Lesern gestellt? Wie war die Lebenssituation zur Zeit der Abfassung? Welche Probleme wollten sie beantworten?

Grundlegend ist die Beobachtung, dass die Sintflutgeschichte im Kontext der altorientalischen Mythen und Epen steht. Mit dieser 3D-Brille des historischen Denkens sieht man den biblischen Text gleichzeitig mit seinen Parallelen. Und vieles wird auf einmal besser verständlich. Machen wir uns das zunächst an der Schöpfungsgeschichte klar. Warum erzählt die Schöpfungsgeschichte in Gen 1, dass am 3. Tag die Pflanzen geschaffen worden und gewachsen sind – am vierten Tag aber erst die Sonne? Wer das mit einem modernen wissenschaftlichen Interesse liest, muss das für unglaublich naiv und geradezu grotesk verkehrt halten. Sobald wir uns auf den geschichtlich-religiösen Kontext der damaligen Zeit einstellen, verändert sich dieser Eindruck grundlegend. Die Kenntnis der altorientalischen Schöpfungserzählungen zeigt die vielfach große Bedeutung der Sonne und der Gestirne als Gottheiten und Mächte der orientalischen Völker. Mit historischer Brille erkennt der Bibelleser, dass die Schöpfungserzählung in Gen 1 jeder religiösen Verehrung der Gestirne und der Natur überhaupt widerspricht. Nicht die Sonne gibt Leben und Gedeihen, nicht die Gestirne bestimmen Schicksal; Gott allein ist der Herr über das Leben. An Sonne, Mond und Sternen ist nichts Göttliches. Daher werden sie im biblischen Text nicht mal begrifflich erwähnt, sie werden zur bloßen Beleuchtung degradiert.

Erst eine fundamentalistische Bibellektüre, die einen solchen Text als einen Bericht verstehen möchte, dessen Reihenfolge in irgendeiner Weise historisch sei, produziert vermeintliche Fehler und gewundene Rettungsversuche.

Wie wird die Sintflutgeschichte von historisch arbeitenden Bibelwissenschaftlern ausgelegt?[73] Wie werden die Texte von denen gelesen, die mit der 3D-Brille des historischen Bewusstseins bewusst nach dem historischen Hintergrund, nach der Kultur der Verfasser und der ursprünglichen Adressaten fragen?

Die Sintflut gehört zu den großen Erzählungen der altorientalischen Antike. Das Gilgamesch-Epos oder Atra-Hasis waren im kulturellen Raum des Alten Orients weit verbreitet.[74] Wer sich mit diesen Geschichten beschäftigt, bemerkt verblüffende Parallelen:

Auch in den orientalischen Erzählungen steht am Anfang ein göttlicher Beschluss zur Vernichtung der Menschheit. Sodann wird ein Mensch mit seiner Familie erwählt, diese Katastrophe zu überleben. In den altorientalischen Sagen wird berichtet, wie er den Auftrag erhält, ein rettendes Schiff zu bauen, das wie in der Bibel mit Pech versiegelt wird. Das Kommen und Gehen der Flut wird geschildert, ebenso auch das Detail der mehrfachen Aus-

---

73 Natürlich bieten unsere heutigen Kenntnisse der alten babylonischen Erzählwelt nur einen kleinen Auszug dessen, was damals im Umlauf und bekannt war. Vgl. als Überblick Jürgen Ebach, Noah. Die Geschichte eines Überlebenden, Leipzig 2001.

74 Es ist Konsens der Exegese, dass die biblische Noahgeschichte nicht aus einem Guss ist. Zwei verschiedene Erzählungen wurden miteinander verbunden. Das zeigt: Diese Geschichte ist in Israel über lange Zeiträume hinweg bedacht und ausgelegt worden. Die Unterschiede zwischen den Erzählungen sind am Ende nicht harmonisiert worden. Offensichtlich war den Endredakteuren an einer Vielfalt der Perspektiven gelegen. Sie wollten nicht die eine, stimmige Geschichte der Sintflut vorlegen, sondern die Verstehensbemühungen der Erzähler sichtbar machen.

sendung der Vögel, bis sie einen Landeplatz finden. Schließlich enden auch diese Geschichten mit einem Opfer der Geretteten und der gnädigen Zuwendung der Götter.

Als die Geschichte der Sintflut in Israel aufgeschrieben wurde, lasen oder hörten die Menschen diese Erzählung von vorneherein als eine Variante einer in ihrer gesamten kulturellen Umwelt bekannten Geschichte. Nirgendwo lässt sich dabei ein Hinweis erkennen, dass die biblischen Autoren die altorientalischen Erzählungen historisch korrigieren wollten, etwa in dem Sinne, dass der Überlebende nicht Utnapischtim, sondern Noah hieß. In den inhaltlichen Details ist die Anlehnung an die traditionelle Erzählweise teilweise sehr eng. Die Unterschiede liegen im Gottesbild und im Menschenbild. Das sind die großen Themen in der israelitischen Version dieser Menschheitsgeschichte. Wo genau liegen die theologischen Akzente der biblischen Erzählung? Wie lässt sich die Geschichte verstehen, wenn wir wenigstens teilweise wieder wie ihre Ersterzähler und -hörer mit der Erzähltradition des Alten Orients bekannt sind?

a) Der eine Gott und seine Wandlungen

Israel hat es mit dem einen Gott zu tun. Was uns selbstverständlich erscheint, ist die eigentliche Herausforderung dieser Geschichte. In den orientalischen Varianten sind es verschiedene Götter, die zerstören oder retten. In einer Welt der vielen Götter stellen sich nicht so schwere Fragen wie: Kann ein guter und gerechter Gott Leid zulassen? Israel hat kein Pantheon mit eifersüchtigen Gottheiten, keine Aufspaltung der Welt in Schutzgötter und gefährliche Gottheiten. Dass der eine Gott zerstört und erhält, tötet und segnet, lässt sich nicht so einfach nachvollziehen. Ja, das ist abgründig. Gerade an dieser Stelle argumentiert der Text nicht lange. Diese Spannung ist die Folge der Erkenntnis des einen Gottes.

Sehen wir näher hin: Der biblische Text erzählt nicht einfach von einer göttlichen Strafaktion. Es geht um mehr. Warum kommt es zur Tötung der Tiere, zur Auslöschung allen Lebens? Es geht hier um nicht weniger als um die Rücknahme der Schöpfung. Das Projekt Menschheit steht auf der Kippe – und es ist Gottes Schmerz, Gottes Betrübnis, das so sehen zu müssen: „Da reute es den Herrn, dass er die Menschen gemacht hatte auf Erden, und es bekümmerte ihn in seinem Herzen" (Gen 6,6).

Es gehört zum Wesen von Erzähltexten, Raum zu geben für Fragen. Häufig wurde in der Geschichte der Religionskritik gesagt: Wenn Gott den Menschen die Freiheit gibt, weil er möchte, dass sie nicht gezwungen lieben, sondern von Herzen, dann nimmt er auch das Risiko des Bösen in Kauf. Gottes Güte, seine Allmacht, die menschliche Freiheit und das Böse: Das passt einfach nicht zusammen. Nun ja: Vielleicht ist es genau dieses Dilemma, das hier *erzählt* wird. Die Schöpfung des Menschen ist eine großartige und gleichzeitig unmögliche Idee. Darum macht Gott sie rückgängig. So wird es erzählt, denn dieses Problem hat ungeheures Gewicht. Keine Theologie kann dieses Dilemma einfach wegerklären. An diesem Problem darf jeder leiden. Und dann erzählt die Bibel weiter, ohne Rechtfertigung oder Entschuldigung. Gott ändert seine Pläne. Aus der Rücknahme der Schöpfung wird der Neuanfang. Für viele Christen liegt darin ein anstößiger Gedanke. Ist es nicht der Inbegriff der Unvollkommenheit, sein Tun bereuen zu müssen? Die biblischen Autoren haben mit dieser Frage intensiv gerungen. Häufig ist von Gottes Reue die Rede (Ex 32, 7-14; 1Sam 15,11.29.35; Jer 18,10-17; Jona 3,9; 4,2). Gleichzeitig kann Samuel sagen: „Auch lügt der nicht, der Israels Ruhm ist, und es gereut ihn nicht; denn er ist nicht ein Mensch, dass ihn etwas gereuen könnte" (1Sam 15,29). Wie denn nun? Steht nicht wenige Verse zuvor das Gegenteil (1Sam

15,11)? Das ist ein schönes Beispiel, dass die Bibel mit ihren harten Widersprüchen tiefsinniger ist als die Verteidigungen ihrer selbsternannten Anwälte.

Gott ist der lebendige Gott inmitten der Wandlungen der Geschichte. Er nimmt seine Schöpfung zurück, beinahe; denn Noah steht dafür, dass er dies ja doch nicht tut. Und dieser ersten Reue Gottes über seine Schöpfung folgt eine zweite Reue: Nie wieder will Gott eine Sintflut kommen lassen. Diese zweite Wandlung Gottes ist unser aller Glück. Gott wandelt sich und bleibt sich gerade darin treu als derjenige, der am Anfang sein Ja zum Menschen spricht.

Wir benötigen an dieser Stelle wieder einmal die Einsicht, dass alles, was wir von Gott sagen, mit den Denkmitteln unserer Menschenwelt formuliert ist. Alle Rede über Gott ist zeichenhaft vermittelt, ist analog, nicht direkt „buchstäblich wahr“, sondern in einem übertragenen Sinne. Nein, Gott vertut sich nicht wie ein Mensch, er ist kein Stümper. Und doch: Gott ist kein unbeweglicher Götze, er hat und ist Geschichte. Er ist nicht der „unbewegte Beweger“, wie ihn die antike Philosophie beschrieb, sondern der zutiefst bewegte Beweger. Seine Allmacht bedeutet nicht seine Unberührbarkeit. Er bleibt sich darin treu, dass er sich wandelt, er ist der Ewige in steter Bewegung. Und klar: Auch diese Worte bilden nicht einfach ab, wie es sich eigentlich verhält. Auch diese begrifflichen Versuche, von Gott zu reden, sind eben nur das: Versuche, Auslegungen der Bibel, Teil jener unendlichen Annäherung an Gott, die sich Theologie nennt. Reue ist ein Schlüsselwort innerhalb der biblischen Theologie. Bis ins 20. Jahrhundert hinein ist dieser Aspekt Gottes vielfach verdrängt oder heruntergespielt worden. Die neuere Exegese hat ihn mit Recht betont. Gottes Reue ist das Evangelium. Gott ist nicht der Unwandelbare. Der lebendige Gott ist darin ein Gott der Liebe, dass er mit seinen

Menschen Geschichte schreibt. Um solche Fragen geht es in der Erzählung von der Sintflut.

b) Die ambivalente Schöpfung

In der älteren Auslegung der Bibel kam es zu einer sehr starken Fixierung auf Gen 1-3 als dem Portal der ganzen Bibel. Wer die Sintflutgeschichte liest und ihren kulturellen Hintergrund hinzunimmt, merkt, dass darin eine Verkürzung liegt. Schon im Alten Orient wurde die Flut im Zusammenhang mit anderen Ursprungsgeschichten überliefert. So ist es auch in der Bibel. Gen 1-9 gehören eng zusammen. Wenn man sich nur auf Gen 1-3 konzentriert, zerreißt man die organische Einheit dieser Texte. Wer die Abfolge von Schöpfung und Fall zur Grundlage seiner theologischen Anthropologie macht, gibt der gefallenen Welt ein unverhältnismäßiges Gewicht. Die Welt jenseits von Eden ist Gottes Welt, die von Gott bewahrte wie gesegnete Welt. Diese Welt ist unvollkommen, aber lebens- und erhaltenswert. Sie ist gefährdet – und gesegnet. Für manche Christen ist es wesentlich, dass aus einer vollkommenen Schöpfung eine schlechte Welt und aus dem guten der böse Mensch wurde. Eine solche Schwarz-weiß-Zeichnung kann sich nicht auf die Urgeschichte berufen. Sie schildert eine Entwicklung, in welcher der zur Gemeinschaft mit Gott bestimmte Mensch zunehmend ambivalente Züge entwickelt: Der Mensch ist Gottes Ebenbild (Gen 1,31) und böse von Jugend auf (Gen 8,21), er ist wunderbar gemacht (Ps 139,14) und geneigt zur Sünde (Gen 4,7), Gottes Rebell (Gen 3) und Bundespartner (Gen 9,9), etwas, was Noah im Blick auf die ganze Menschheit zugesprochen wird, bevor die Erzelternerzählungen einen neuen Einschnitt markieren. Das Menschenbild der meisten Christen ist zu negativ oder zu positiv.

c) Allein aus Gnade

Das Ende der Sintflutgeschichte ist höchst merkwürdig: „Ich will hinfort nicht mehr die Erde verfluchen um der Menschen willen; denn das Dichten und Trachten des menschlichen Herzens ist böse von Jugend auf" (Gen 8,21). Die Pointe dieser Geschichte ist nicht der strafwillige Gott, sondern Gottes „Nie wieder!". Das Ziel der biblischen Sintflutgeschichte ist diese Verheißung: Die Welt hat Bestand, diese Welt ist Gottes Welt, diese Menschheit ist Gottes Menschheit. Die Menschen bleiben Gottes Geschöpfe.

In allen orientalischen Versionen ist es so, dass der Mensch sich seinen Fortbestand verdienen muss. Es hängt am Menschen, ob er Bestand haben wird. Viele Mütter und Väter des Alten Orients werden es ihren Kindern so erklärt haben: Hüte dich vor Faulheit, mein Kind; denn die Götter brauchen keine Menschen, die ihre Arbeit liegen lassen und alles verwüsten. Nur weil wir fleißig unsere Arbeit tun, sind wir für die Götter nützlich und erhaltenswert. Nur durch die Arbeit rechtfertigt der Mensch seine Existenz. Ganz anders der biblische Bericht: Nicht der faule, sondern der gewalttätige Mensch war Gott zuwider. Nach der Sintflut setzt Gott einen Neuanfang: Obwohl der Mensch böse von Jugend auf ist, verspricht Gott ihm Bestand. Darin liegt eine radikale Verneinung jeder Verdienstfrömmigkeit. Am Ende steht die grundlose Güte, das bedingungslose Ja zum Menschen, im vollen Bewusstsein aller menschlichen Anfälligkeit für das Böse.

d) Bewahrung der Schöpfung

Menschen müssen in dieser Welt mit Katastrophen rechnen. Das ist kein Grund zum Fatalismus. Noah erhält einen konkreten Auftrag in einer Situation, die in dieser Form als unwiederholbar beschrieben wird. In dieser Rettungsaktion kümmert sich Noah um die ganze Schöpfung. Darin spiegelt sich der grundlegende

Schöpfungsauftrag, Hüter und Bewahrer der Schöpfung zu sein. Die Bibel kann kein ökologisches Bewusstsein haben, weil es erst mit der Industrialisierung zu einer ökologischen Krise kommt. Die Mehrheit der Weltchristenheit ist heute der Überzeugung, dass ökologische Fragen höchste Relevanz haben. Die Zahl der Christen, die sich über Umweltschutz lächerlich machen, wird hoffentlich weiter abnehmen. Die Bedrohungen sind real. Inmitten der Herausforderungen unserer Zeit ist die Sintflut eine Geschichte der Hoffnung. Dass der Film *Noah* einen Menschen zeigt, dem der Schutz der Natur am Herzen liegt, zeugt von einem tieferen Verstehen des Stoffs, als manche seiner religiösen Kritiker an den Tag gelegt haben.

4. Gottes Bilder

Halten wir inne: Wenn sich das alles so verhält, wenn auch die allermeisten christlichen Wissenschaftler auf der Welt davon überzeugt sind, dass eine historisch-buchstäbliche Lektüre aller Bibeltexte unhaltbar ist – warum gibt es das dann? Warum haben einige Christen das Gefühl, dass mit dem Wegfallen der Wirklichkeit dieser Erzählung auch keine Wahrheit mehr bleiben könne?

Das fundamentalistische Bibelverständnis ist in einer Hinsicht ja gut nachvollziehbar: Der Glaube kann nicht leben von Konstruktionen, die er sich selbst produziert. Glaube ist ein Ergriffensein von außen, ein Vertrauen auf das, was Halt gibt, wenn in mir und um mich herum alles ins Wanken gerät.

Die Erzählungen der biblischen Urgeschichte sind nicht einfach „nur" Dichtung, auch wenn sich in diesem „nur" eine traurige Unterschätzung dessen zeigt, was Poesie sein kann. Diese Texte sind noch mehr als Dichtung, es handelt sich um theologische Verdichtung von Menschheitserfahrungen. In seinem Buch *Gott ungezähmt* weist Johannes Hartl in diese Richtung, wenn er über die Urgeschichte schreibt:

> „Wörtlich verstanden oder symbolisch: In der Erzählung von Adam und Eva im Garten Eden begegnet uns so Grundsätzliches, so fundamental Wahres über den Menschen, dass es am Kern der Sache vorbeigeht, wenn man sie als ‚nur bildhaft' bezeichnet. Ob sie historisch zu verstehen ist? Nun, wenn nicht historisch, so könnte man antworten, dann doch bedeutend realer gemeint als historisch. Es ist unsere Geschichte."[75]

---

75 Johannes Hartl, Gott ungezähmt. Raus aus der spirituellen Komfortzone, Freiburg 2016, 105.

Das ist der Sinn von Mythen, und was Johannes Hartl über die Erzählung von Adam und Eva sagt, lässt sich so auch auf die Sintflutgeschichte übertragen.[76] Die Erzählung ist kein Report eines singulären historischen Ereignisses. Und doch stehen viele Menschheitserfahrungen mit erdgeschichtlichen Katastrophen hinter dieser Überlieferung. Wir alle sind die Nachfahren von Überlebenden. Die Sintflut ist weder ein Märchen noch eine Fantasy-Geschichte – auch wenn gegen beide Gattungen nicht das Geringste spricht.

Für manche Christen ist dies ein schwieriger Übergang. In der Kindheit ist diese Geschichte wie selbstverständlich real. Wenn Jugendliche mehr und mehr davon hören, dass manche biblische Geschichte nicht einfach eine Abbildung der geschehenen Wirklichkeit ist, verlieren viele gleich gänzlich den Bezug zu solchen Texten. Denn als bloße Phantasie, so glauben sie, ist diese Erzählung am Ende nicht so spannend, faszinierend oder unterhaltsam wie die vielen anderen Geschichten, die die moderne Popkultur bereithält.

Weiterglauben, gerade auch mit und in diesen Geschichten, kann an dieser Stelle durch eine wichtige Einsicht ermöglicht werden. Keine Wirklichkeit ist uns einfach gänzlich und völlig erschlossen. All unser Sehen, Wahrnehmen und Begreifen sind letztlich abbildlich; aus bestimmter Perspektive, in bestimmter Färbung und Tönung im Sinne unserer Vorannahmen, die alle unsere Wirklichkeitswahrnehmungen prägen. Und nun gibt es

---

76 Auch Johannes Hartl kann die Geschichte von der Sintflut ausdrücklich als mythologisch bezeichnen: „Es war die überwiegende Mehrheit der alten Kirche, dass es Menschheitsahnungen, Einsichten, Erzählungen und auch Mythen gibt (wie z.B. auch die Erzählung der Sintflut), die universal sind, die wir ‚taufen' und so für Christus beanspruchen können." Johannes Hartl, Katholisch als Fremdsprache. Einander verstehen – Gemeinsam vorwärts gehen, Koblenz 2015, 109.

verschiedene Formen von Bildern der Wirklichkeit. Fotos oder Filme gelten als relativ genaue Abbildungen der Wirklichkeit. Aber selbst bei diesen beiden Medien ist uns allen klar (hoffentlich!), dass eine solche Abbildung noch einmal etwas anderes ist als das wirkliche Geschehen. Die beste Aufnahme kann wertlos sein, wenn der Abstand zu groß oder zu klein ist, wenn etwas Entscheidendes aus einer bestimmten Perspektive (z.B. von hinten) nicht eindeutig erkannt werden kann, das Licht zu stark oder zu schwach ist oder aus ungünstiger Richtung einfällt.

Eine Zeichnung oder ein Gemälde ist weniger „genau" als diese technischen Reproduktionen. Aber bekanntlich kann ein Gemälde treffender sein als jede Fotografie. Die Darstellung des letzten Abendmahls Jesu von Leonardo da Vinci ist in vielen Details sicher unhistorisch. Vieles ist weggelassen oder hinzugefügt, verdichtet oder ausgeschmückt. Und doch: Wie viele Menschen kennen diese Erfahrung, dass dieses Bild sie hineinnimmt in eine Begegnung mit Jesus Christus. Im Blick auf die Jünger spüren sie etwas von der chaotischen Gewalt menschlicher Leidenschaften, der Angst, der Wut oder Zerrissenheit. Und sie machen die Erfahrung, dass dieses Gemälde ihren Blick immer wieder zur Mitte führt, wo die Augen Ruhe finden bei Jesus von Nazareth, weil an dieser Stelle des Bildes Güte und Frieden ahnbar werden, die Worte kaum umschreiben können.

Gehen wir noch weiter: Manches Abbild ist nicht nur keine genaue Zeichnung, sondern vielleicht nur eine skizzen- oder comichafte Andeutung. Solcher Mangel an Genauigkeit muss kein Defizit sein. Manchmal ist ein solches Abbild eines Menschen bzw. einer Situation extrem verknappt, aber sie trifft ins Schwarze. Nehmen wir als Beispiel eine berühmte Plastik, das Nagelkreuz von Coventry. Nachdem ein deutscher Luftangriff am 14. November 1940 verheerende Zerstörungen an der Stadt und auch der Kathedrale hinterließ, sammelte der damalige Dompropst Richard Howard einige Nägel im Dachstuhl des zerstörten Gotteshauses, fügte sie zu einem Kreuz und hängte dies mit den Worten „Father forgive" in die Chorwand der Ruine. Inzwischen gibt es in vielen Kirchen weltweit Nachbildungen dieses Kreuzes. Im Blick auf das historische Kreuz Jesu „stimmt" hier so gut wie nichts mehr; weder das Material noch die Größe oder die Form. Und doch: In diesem ganz schlichten und doch so konzentrierten Gebilde verdichtet sich etwas von den Erfahrungen des Todes und der Trauer, der Schuld und Zerstörungskraft menschlicher Bosheit. Und so zusammengesetzt, beschriftet und weitergegeben, stellt sich auch eine Ahnung von Vergebung, von Versöhnung von Feinden ein.

Mancher biblische Text kommt dem nahe, was in unserem Gleichnis ein Foto wäre. In den paulinischen Briefen z.B. hören wir wirklich diesen Apostel aus Tarsus. Natürlich nicht ungebrochen, in jedem Brief etwas anders, mal vertraut und fröhlich (Philipperbrief), mal verwundet und aggressiv (im Brief an die Galater). Andere Erzählungen geben uns einen Blick auf die Geschichte, so, wie ein Gemälde es tut, ausgeschmückt und verdichtet vielleicht, aber so, dass das Entscheidende wirklich im Zentrum steht. Und manche Texte lassen sich mit dem Nagelkreuz von Coventry vergleichen. Nicht die Details der äußeren Realität werden abgebildet. Vielmehr geschieht in diesen Texten eine Verdichtung menschlicher Schuld und göttlicher Versöhnung, wie sie keine Kamera je hätte einfangen können.

So oder so – die Bibel redet in Bildern von Gott. Und gerade diese Vielfalt der Bilder ist wichtig, denn es liegt ja auch ein Paradox in den biblischen Aussagen zu den Bildern: Wir sollen uns kein Bildnis von Gott machen (Ex 20,4), heißt es; und doch ist der Mensch Gottes Ebenbild (Gen 1,27), und doch ist Christus

Gottes Bild (Kol 1,15), sodass wir in dem Angesicht Jesu Christi Gottes Herrlichkeit erkennen sollen (2Kor 4,6). So schreibt es Paulus, der mit uns die Erfahrung teilt, dieses Gesicht nie gesehen zu haben (1Petr 4,8).

VI. Die Autorität der Bibel in ethischen Fragen

In früheren Generationen konnten sich Christen über dogmatische Fragen streiten bis hin zu handgreiflichen Auseinandersetzungen. Die theologischen Fragen, ob Maria als Christusgebärerin oder als Gottesgebärerin zu bezeichnen sei oder wie sich die göttliche und menschliche Natur in Christus zueinander verhalten, wurden nicht nur mit Worten diskutiert: Prügelnde Mönchsgruppen seien im Jahr 449 in Ephesus aufeinander losgegangen. Die meisten dieser Streitigkeiten sind für den normalen Menschen kaum noch nachvollziehbar. Heute kann man sagen: Ethik ist die neue Dogmatik. An ethischen Fragen scheiden sich theologische und kirchliche Gruppen, ethische Haltungen werden Identitätsmerkmale. In ethischen Konflikten wird gefragt: Gilt die Bibel noch? Ist die Bibel Grundlage kirchlicher Entscheidungen – oder ist es eine Art Naturgesetz, dass Christen die gesellschaftlichen Entwicklungen ihres jeweiligen Landes in der Regel nachvollziehen mit einem Abstand von 20 bis 30 Jahren?

Für die biblischen Texte sind ethische Grundlinien zentraler Bestandteil ihrer Botschaft. Das ist in der theologischen Diskussion wie in der ökumenischen Debatte zwischen den Kirchen völlig unstrittig.[77] Aber moralische Fragen fordern uns auch heraus. Unsere Werte empfinden wir nicht nur als Meinungen, die wir nach besserer Belehrung gerne verändern. Unsere Gewissens-

77 Vgl. den ökumenischen Text Gott und die Würde des Menschen, Paderborn/Leipzig 2017.

urteile berühren unser Selbstverständnis, sie machen einen Teil unserer Identität aus. Darum sind moralische Differenzen bisweilen so schwer zu ertragen. Hans-Werner Durau beobachtet Folgendes:

> „Die uns allianzweit heute so bewegende Debatte um Homosexualität ist doch nur deswegen so aufwühlend, weil man an den Diskurs unter Evangelikalen überhaupt nicht gewöhnt ist. Dass die überkommene Position nun im eigenen Lager Konkurrenz bekommen hat, führt dementsprechend zu Herzklabastern. Der Boden scheint vielen unter den Füßen wegzubrechen. Jedoch: Der Boden, den man zu haben meinte, bricht gar nicht wirklich weg – er war schon immer bröselig, nur kommt es jetzt heraus. Es gibt sicher ungezählte Fromme, die im Hinterstübchen in Bezug auf Homosexualität eine andere Meinung hegen, sich aber aus gutem Grund nicht trauen, diese in Gemeindekreisen auch zum Besten zu geben.“[78]

Warum ist das so? Die jeweilige Erkenntnis in solchen Fragen wird in der Innen- wie Außenwahrnehmung zu einer Art Charakterfrage. Wer in solchen Fragen eine bestimmte Meinung hat, der „irrt“ aus Sicht der Andersdenkenden nicht nur. Im Extremfall halten progressivere und konservativere Christen einander vor, ungläubig oder unmenschlich zu sein, die Bibel oder die Menschen nicht zu respektieren, den Glauben oder die Liebe zu verraten. Und so von außen wahrgenommen zu werden kann

---

78 Hans-Werner-Durau, Die Bibel – das Medium meines Vertrauens, in: Ulrich Wendel (Hg.), Glaubwürdig aus guten Gründen. Warum wir der Bibel vertrauen können, Holzgerlingen 2017, 149-173, 170.

ungeheure Kränkung und Wut auslösen. Kein Wunder, dass echte Gespräche daher selten oder sehr anstrengend sind.

Gespräche scheitern bisweilen auch daran, dass die Bedeutung der Bibel für ethische Fragen auf mehr als nur einer Seite ungeklärt ist. Moralische Fragen sind heute so vermint, dass es leichter ist, an einem historischen Modell mehr Problembewusstsein zu gewinnen, wie ethische Fragen überhaupt bearbeitet werden.

1. Luthers ethische Auslegung der Bibel

Bei einigen Christen hat sich die Überzeugung durchgesetzt: Luthers Schriftauslegung basiert auf der Anwendung eines Christusprinzips. Kann die häufig zitierte Formulierung „was Christum treibet“ aus der Kanonkritik Luthers heute als Vorbild für eine sachkritische Ablehnung biblischer Gebote in Anspruch genommen werden? Im unmittelbaren Kontext dieser Formulierung geht es Luther zunächst einmal um etwas anderes:

> „Das ist auch der rechte Prüfstein, alle Bücher zu beurteilen, wenn man siehet, ob sie Christus treiben oder nicht. Sintemal alle Schrift Christus zeiget, Röm. 3,22 ff., und Paulus nichts als Christus wissen will, 1. Kor. 2,2. Was Christus nicht lehret, das ist nicht apostolisch, wenn's gleich Petrus oder Paulus lehret; umgekehrt, was Christus predigt, das ist apostolisch, wenn's gleich Judas, Hannas, Pilatus und Herodes täte.“[79]

Luther verwendet diese Formel in einem viel grundlegenderen Zusammenhang, wo es um die Überprüfung der apostolischen Botschaft und damit um den kanonischen Stellenwert von Schriften geht. Richtig ist: Luther legt die ganze Schrift auf Christus hin aus und liest sie zugleich von ihm her. Teilweise kann er diese Mitte auch als kritische Instanz gegenüber der Schrift in Anspruch nehmen.

> „Die Schrift ist nicht gegen, sondern für Christus zu verstehen, also entweder auf ihn zu beziehen oder nicht für wahre

79 Zitiert nach: Luthers Vorreden zur Bibel, hg. von Heinrich Bornkamm, Göttingen ^{3}1989, 216-217.

> Schrift zu halten. Wenn die Gegner die Schrift gegen Christus treiben, treiben wir Christus gegen die Schrift.“[80]

Lassen sich diese Aussagen auch auf den Umgang mit ethischen Problemen beziehen? Nun gibt es in der Tat vergleichbare Aussagen Luthers zum Umgang mit dem Gesetz:

> „Wenn eins von beiden aufgegeben werden müsste, Christus oder das Gesetz, dann ist das Gesetz aufzugeben, nicht Christus. Denn wenn wir Christus festhalten, machen wir leicht Gesetze und beurteilen alles richtig.“[81]

Aber auch diese vielfach zitierten Aussagen stehen im Kontext der Auseinandersetzung um die Rechtfertigungslehre. An dieser Stelle geht es um die Frage, wer der Mensch vor Gott ist – nicht um das Problem, wie in ethischen Fragen konkrete Urteile getroffen werden können. In diesem Kontext kommen sie zu klaren Entweder-oder-Aussagen, die das Evangelium anstelle des Gesetzes betonen oder das Leben aus dem Glauben statt der Orientierung am Gesetz. Diesen Zusammenhang darf man nicht einfach ignorieren und diese Aussagen dafür in Anspruch nehmen, dass Luther selbst Sachkritik an biblischen Geboten von der Mitte der Bibel her betrieben habe. Natürlich kann diese Fragestellung heute diskutiert werden. Man kann sich an dieser Stelle nur nicht unmittelbar auf Luther berufen.

Mit den ethischen Aussagen der Bibel geht Luther anders um. Zunächst kennt Luther die seit altkirchlicher Zeit gebräuchliche Einteilung in das Zeremonialgesetz, das Judizialgesetz und das

80 WA 39/I,47/ LDStA 2, 409.

81 WA 39/I,47/ LDStA 2, 409.

Moralgesetz. Nach dieser Logik sind die kultischen Gesetze und die konkreten Rechtsbestimmungen heute nicht mehr gültig, wohl aber die moralischen Gebote der Bibel. In dieser Form findet sich diese Unterteilung bei Luther nur selten, weil ihm letztlich eine andere Aufteilung wichtiger ist. Luther unterscheidet zwischen den zeitbezogenen Geboten für Israel, wo Gott seinem Volk Lebensregeln gibt, die ausschließlich in diesem Bund gelten. Dazu zählt Luther z.B. sogar das Bilder- und das Sabbatgebot des Dekalogs. Anders verhält es sich mit dem natürlichen Gesetz, das alle Heiden kennen, weil Gott es ihnen ins Herz gegeben hat (Röm 2,14). Diese Gebote sind grundsätzlich für alle verbindlich.

Neben dieser Unterscheidung von historischem Mosegesetz und natürlichem Gesetz unterscheidet Luther Letzteres noch einmal vom Gebot der Liebe bzw. der damit deckungsgleichen Goldenen Regel:

> „Man siehet wohl, dass die Könige, Priester und Obersten haben oft frisch ins Gesetz gegriffen, wo es der Glaube und die Liebe haben gefordert, sodass also der Glaube und die Liebe soll aller Gesetze Meister sein, und sie alle in ihrer Macht haben. Denn da alle Gesetze auf den Glauben und die Liebe treiben, soll keines mehr gelten noch ein Gesetz sein, wo es dem Glauben oder der Liebe will zuwider geraten."[82]

Die Liebe hat die Funktion eines Metakriteriums, an dem sich die Auslegung aller moralischen Regeln und Ordnungen messen lassen muss. Grundsätzlich kann es heißen: „Denn wenn das Gesetz wider die Liebe dringet, so höre es auf und soll kein Gesetz

82 Luther, Vorreden, 47.

mehr sein."[83] Unter Liebe versteht Luther in erster Linie nicht eine Gefühlseinstellung oder ein subjektives Motiv, sondern tätige Zuwendung und Dienst am Nächsten. Wie aber sieht die Anwendung einer solchen Leitlinie in konkreten Fragen aus? Was gebietet die Liebe – was widerspricht ihr?

83 WA 10/I,2, 394.

2. Ethische Entscheidungen Luthers in Ehefragen

Machen wir uns den konkreten Umgang mit ethischen Fragen am Beispiel von Ehethemen klar. Schauen wir dabei zunächst einige Beispiele an, die deutlich machen: Ethische Fragen werden immer in einem ganz bestimmten kulturellen Kontext bedacht. In der Frage, wie eine Ehe zustande kommt, sind bei Luther biblische Vorbilder und patriarchalische Denkmuster untrennbar verwoben. Nach biblischem Vorbild (Gen 24) suchen sich nicht die Kinder ihren Partner – das ist die Aufgabe der Väter: „Darum lesen wir auch kein Exempel in der ganzen Schrift, dass sich zwei Kinder selbst miteinander verlobt haben, sondern allemal geschrieben steht von den Eltern: ‚Gebt euren Töchtern Männer und euren Söhnen Weiber!' (Jer 29,6)"[84]

In dieser Frage geht Luther von einem doppelten Vetorecht aus: Kinder dürfen nicht zur Ehe gezwungen werden – Kinder dürfen (um des vierten Gebotes willen) nicht ohne Zustimmung der Väter heiraten. In dieser Frage treffen das grundsätzliche, aber nicht absolute Bestimmungsrecht der Väter über ihre Kinder, das relative Selbstbestimmungsrecht der Kinder und schließlich die Vorstellung der Ehe als schöpfungsgemäßer Lebensform der allermeisten Menschen aufeinander. Was soll geschehen, wenn Väter auf ihre Kinder keine Rücksicht nehmen und sie zu einer Ehe ohne ihr Einverständnis nötigen wollen? Oder wenn die Kinder die Anweisungen ihrer Eltern nicht befolgen wollen?

In diesem Fall entwickelt Luther eine graduelle Rangfolge der Handlungsoptionen. Für stark gläubige christliche Kinder, die nach der Bergpredigt leben wollen, ist klar, dass sie dem vierten Gebot gehorchen müssen und daher dem Willen ihrer Väter zu

84 Zitiert nach Martin Luther, Vom ehelichen Leben, Stuttgart 1978, 58.

folgen haben. Sogleich fragt Luther jedoch: „Aber wo sind solche Christen?“[85]

Ein solches bestmögliches Verhalten kann nicht allgemeines Gesetz werden. Den schwachen Christen räumt Luther ein, mit Hilfe der Obrigkeit oder des Pfarrers sich einem solchen Geschick zu entziehen. Für den Fall, dass sie keine Hilfe erfahren, ist als Ultima Ratio auch die Flucht in ein anderes Land zu erwägen, um sich dort nach eigenem Willen verheiraten zu können.

Wir sehen: Grundsätzlich orientiert sich Luther an biblischen Normen über das Wesen der Ehe oder dem Recht der Väter. In Konfliktfällen muss jeweils Maß genommen werden am Gebot der Liebe. Die ideale Forderung fordert den starken Christen Verzicht auf persönliche Erfüllung und Gehorsam gegenüber selbst einem tyrannischen Vater ab. Die Schwachen bedürfen selbst der Hilfe durch die Obrigkeit bzw. durch die Geistlichen eines Ortes.

Inwiefern die Liebe Abweichungen von festen Normen ermöglicht oder auch nicht, lässt sich am Beispiel des *Ehebruchs* studieren. Dass der Ehebruch ein schuldhaftes Verhalten ist, das die Auflösung der Ehe nach sich ziehen kann, ist für Luther unzweifelhaft. Zugleich diskutiert er ganz unterschiedliche Fälle erschwerter oder verminderter Schuld. Was ist zu tun in einer Ehe, in der einer der Partner krank wird und der andere auf diesen als Sexualpartner verzichten muss? Rechtfertigt dies Ehebruch oder Scheidung? Mitnichten. Hier ist die Forderung der Liebe eindeutig. Der Ehepartner muss selbstverständlich in seiner Ehe bleiben und seinem kranken Partner nach Kräften beistehen.[86] Luther kennt allerdings Grenzfälle, in denen es etwas anders aus-

85 A.a.O., 57.

86 A.a.O., 30.

sieht. So beschreibt er einen Fall, wo ein Mann seiner Frau die eigene Impotenz vor der Ehe verschwiegen hat. Die Frau soll so sprechen:

> „Vergönne mir, dass ich mit deinem Bruder oder nächsten Freund eine heimliche Ehe habe und du den Namen habest, auf dass dein Gut nicht an fremde Erben komme, und lass dich wiederum williglich betrügen durch mich, wie du mich ohne meinen Willen betrogen hast.“[87]

Ihr Recht auf sexuellen Verkehr und ihr Recht darauf, Mutter zu werden, sind so natürlich und legitim, dass sie einen heimlichen Ehebruch rechtfertigen.

Auch umgekehrt wird ein analoges Beispiel beschrieben. Für den Fall einer beharrlichen sexuellen Verweigerung einer Ehefrau soll ihr Ehemann dies öffentlich anzeigen. „Hier ist's Zeit, dass der Mann sage: ‚Willst du nicht, so will eine andere, will die Frau nicht, so komme die Magd.‘“[88]

In diesen Beispielen stehen die biblischen Gebote zur Ehe zunächst einmal in Geltung. In Notlagen können solche Regeln aufgeweicht werden um der Schwachen willen. „Not bricht Eisen und hat kein Ärgernis“[89], schreibt Luther gegenüber dem Einwand, man könne doch aus Rücksicht auf die Schwachen nicht längst etablierte Sitten ändern.

> „Nun liegt hier die Seele in Gefahr, darum soll niemand von uns begehren, dass wir ihn nicht ärgern, sondern wir sollen

87 A.a.O., 17.

88 A.a.O., 29.

89 A.a.O., 29.

> begehren, dass sie unser Ding billigen und sich nicht ärgern. Das fordert die Liebe."[90]

Die Liebe als Zuwendung zu den Schwachen bzw. zu den Opfern einer Notlage ist das Metakriterium, das Luther in ethischen Abwägungen zur Geltung bringt. Die Berufung auf die Liebe löst die anderen Normen (die Institution der Ehe, den Gehorsam gegenüber den Eltern etc.) nicht auf. Luther übt an diesen Geboten keinerlei prinzipielle Sachkritik. In der konkreten Anwendung aber, im Konfliktfall, haben Schutz und Hilfe für die Schwachen einen höheren Stellenwert als die guten Ordnungen und Regeln für den Normalfall.

Einer der bedeutendsten Umbrüche im Verständnis der Ehe ist Luthers Umgang mit Scheidung und Wiederverheiratung. In der klassischen Ehetheologie, wie sie von Augustin formuliert und im mittelalterlichen Kirchenrecht ausgeprägt wurde, war die Ehe grundsätzlich unauflöslich. Möglich war nur die räumliche Trennung der Ehepartner oder Annullierung der Ehe. Ansonsten galt die Ehe als unauflöslich, was Wiederheiraten erst recht ausschloss.

Nun haben alle Reformatoren im Anschluss an die Unzuchtsklausel Mt 5,32[91] und Mt 19,9 einen Umbruch betrieben. Es ist ein protestantischer Auslegungskonsens, im Falle von Ehebruch eine Scheidung für erlaubt zu halten, für den Unschuldigen auch eine Wiederheirat.

In seiner Auslegung des siebten Kapitels des 1. Korintherbriefs lässt sich studieren, wie Luther die Geltung biblischer

90 A.a.O., 52-53.

91 Wer sich von seiner Frau scheidet, es sei denn wegen Unzucht, der macht, dass sie die Ehe bricht (Mt 5,32).

Gebote über ihren ursprünglichen Sinnzusammenhang hinaus ausweitet. Offenbar erlaubt Paulus im 1. Korintherbrief solchen Christen, die von einem ungläubigen Ehepartner verlassen werden, eine Scheidung. Dass sie in einem solchen Fall „nicht gebunden" (1Kor 7,15) sind, versteht Luther als Erlaubnis, sich wiederzuverheiraten. Dann aber generalisiert Luther diese Anweisung:

> „Hier spricht der Apostel das christliche Gemahl los und frei. Wo sein unchristlicher Gemahl sich von ihm scheidet, oder ihm nicht erlauben will, dass es christlich lebe; und er gibt ihm Macht und Recht, wiederum einen anderen Gemahl zu nehmen. Was aber von einem heidnischen Gemahl hier S. Paulus redet, ist auch zu verstehen von einem falschen Christen."[92]

In seiner Entgrenzung dieser Anweisung geht es Luther darum, der Intention der Scheidungsklausel gerecht zu werden. Luther folgt gewissermaßen einem angenommenen Richtungssinn[93] der biblischen Anweisungen. Grundsätzlich bleiben die biblischen Gebote für Luther gültig. Luther legt Wert darauf, dass eine solche Entscheidung nicht dem Einzelnen gebührt, sondern der Gemeinde bzw. dem Pfarrer. Eine Eheauflösung in beiderseitigem Einverständnis kommt in Luthers Ehedenken z.B. nicht vor. Entscheidend sind aber letztlich wieder der Maßstab der Liebe und die Hilfe gegenüber dem Notleidenden:

> „Und sagt nicht, dass dies nur einmal geschehen solle, sondern lasst es stehen und gehen, wie oft es die Not fordert, denn er

92 WA 12, 123.

93 Wolfgang Lienemann, Grundinformation Theologische Ethik, Göttingen 2008, 186.

> [Gott] will niemand in die Gefahr der Unkeuschheit gefangen haben um eines andern Frevel und Bosheit willen."[94]

Die Gründe für eine legitime Scheidung lassen sich dabei nicht im Vorhinein ausformulieren. Luther entwickelt hier keinen festen Kriterienkanon.[95]

3. Historisierung biblischer Aussagen

Von der Überordnung der Liebe her kommt Luther zu einem Umgang mit biblischen Geboten, der diese grundsätzlich in Geltung belässt, aber Notlösungen und Kompromisse kennt. Es finden sich bei Luther jedoch auch Fälle, in denen er die Geltung biblischer Einzelbestimmungen ausdrücklich außer Kraft setzt.

Schauen wir uns zunächst Fälle an, wo Luther die Geltung bestimmter biblischer Aussagen eingrenzt durch Verweis auf ihren historischen Hintergrund. Dabei muss man unterscheiden zwischen der Berücksichtigung der *Adressaten* eines biblischen Gebotes und des spezifischen *Kontextes*. Zunächst ist ernst zu nehmen, wer jeweils konkret angesprochen wird:

> „Man muss mit der Schrift sorgfältig umgehen und verfahren. Das Wort ist nun seit Anbeginn auf mancherlei Weise ergangen. Man muss nicht allein darauf sehen, ob es Gottes Wort sei, ob Gott es geredet habe, sondern viel mehr, zu wem es

94 WA 12, 124.

95 Vgl. Christian Volkmar Witt, Martin Luthers Reformation der Ehe, Tübingen 2017, 273-277.

> geredet sei, ob es dich betreffe oder einen anderen. Da gibt's denn einen Unterschied wie Sommer und Winter. Gott hat zu David viel geredet, hat ihn dies und jenes tun geheißen. Aber es geht mich nicht an, es ist nicht auch zu mir geredet. Er kann es gewiss zu mir reden, wenn er es so haben will. Du musst auf das Wort sehen, das dich betrifft, das zu dir geredet wird, und nicht auf das, das einen anderen betrifft. [...] Die falschen Propheten fahren zu und sprechen: Liebes Volk, das ist das Wort Gottes. Es ist wahr, wir können's ja nicht leugnen. Wir sind aber nicht das Volk, zu dem er redet."[96]

Sodann aber ist wichtig, dass in eine bestimmte Zeit hineingesprochen wird, deren Lebensumstände sich von der eigenen Gegenwart deutlich unterscheiden können. Dass das alles andere als gleichgültig ist, zeigt sich in Luthers Umgang mit der Frage der Vielehe bei den Erzeltern. Im Umgang mit den Eheschwierigkeiten des Landgrafen *Philipp von Hessen* spielte diese Frage eine wichtige Rolle. Auf einen letztlich uneindeutigen Beichtrat der Wittenberger Theologen hin ging Philipp von Hessen eine Zweitehe ein. Als sich dies anfing herumzusprechen, bat er die Wittenberger darum, den Beichtrat nachträglich als Zustimmung auffassen und sich öffentlich darauf berufen zu dürfen. Dabei entwickelte Philipp erhebliche Energie, sein Verhalten durch Berufung auf die Bibel als schuldlos darzutun. In einem langen Brief verweist er auf die Reihe von biblischen Mehrfachehen. Unter Berufung auf Luthers Deutung der alttestamentlichen Geschichte legt er Wert darauf, dass wir doch auch die Väter des alten Bundes als Christen ansehen müssen. Nun geht es

96 Martin Luther, Eine Unterrichtung, wie sich Christen in Mose sollen schicken [1525], WA 24, 2-16.

Philipp nicht darum, dieses Verhalten als Vor- oder Leitbild für unsere Zeit zu sehen, aber zumindest als erlaubt und schuldfrei:

> „Es steht im ersten Buch der Könige im 15. Kapitel, dass David tat, was dem Herrn wohl gefiel, und er nie abgewichen sei von dem, das Gott ihm geboten hatte sein Leben lang, außer in der Geschichte mit Uria etc. Wäre es ihm vor Gott Sünde gewesen, mehr denn ein Weib gehabt zu haben, dann wäre David auch deswegen gerügt worden.“[97]

Auch im Neuen Testament kann Philipp zu dieser Frage keine eindeutige Stellungnahme finden: „Denn hätte es Paulus haben wollen, so hätte er es wohl sagen können, dass alle Menschen oder Christen sollen nur ein Weib haben, als er sagt: ein Bischof soll eines Weibes Mann sein, desgleichen die Diakone.“[98] Das zeige doch, so Philipp, dass es selbst zur Zeit des Neuen Testaments noch Mehrehen gab und dass Paulus sie nicht absolut untersagt, sondern nur für Amtsträger – zu denen er als hessischer Landgraf nicht gehöre.

Strikt biblizistisch betrachtet, wird man dieser Argumentation eine gewisse Raffinesse nicht absprechen können. Luther lässt sich jedoch gar nicht erst auf den Versuch einer innerbiblischen Widerlegung ein. Generell behauptet Luther, dass die Mehrfachehen im Volk Israel dem Umstand geschuldet waren, dass sie im Blick auf die Verheißung der Nachkommenschaft Gott gehorsam sein wollten. Die biblische Ordnung der Vielehe ist auf einen anderen Adressatenkreis in einer anderen heilsgeschichtlichen Situation bezogen. Für uns spiele der Segen der Nachkommenschaft

97 WA Br 9,186.

98 Ebd.

nicht mehr die Rolle wie für die Juden in der Zeit der Verheißung. Vor allem aber sind die heutigen Gesetze der Obrigkeit andere und müssten eingehalten werden. Dass es in Notfällen immer abweichendes Handeln geben mag, gesteht Luther zu, daraus könne aber nicht neues Recht entwickelt werden. Die Signalwirkung im Blick auf die Gläubigen wäre verheerend.

Eine zweite Argumentationsform bei Luther denkt nicht nur von den Adressaten in einer bestimmten heilsgeschichtlichen Epoche her, sondern betont grundsätzlich die Bedeutung des historisch-kulturellen Kontextes bestimmter biblischer Gebote. Auch wenn Luther kein modernes Verständnis vom historischen Wandel der Weltbilder hatte, zeigen sich in diese Richtung durchaus bemerkenswerte Ansätze. Machen wir uns dies klar anhand von Luthers Kommentar *Das siebente Kapitel S. Pauli zu den Corinthern* (1523).

Die vorreformatorische Sicht der Lebensformen vertrat eine grundsätzliche Höherschätzung der Ehelosigkeit sowie eine Erlaubnis der Ehe.[99] Luther lehnte diese Überordnung der Ehelosigkeit ab und betonte die Universalität der Ehe als maßgebliche Lebensform, neben der es nur in seltenen Ausnahmen die Keuschheit als Gabe Gottes innerhalb einer besonderen Lebensberufung gebe.

Wie versucht Luther, einen Text, auf den sich die vorrefomatorische Sicht auch nach heutiger exegetischer Einsicht nicht ganz zu Unrecht berufen konnte, zum Zeugen seiner Überzeugungen zu machen? Luther stellt sich den historischen Hintergrund so vor: Unter den Christen in Korinth waren viele zuvor Juden, die daran gewöhnt waren, das Gesetz des Moses zu halten. Diese sahen sich nun gebunden an das Gebot, dass jeder Mensch ver-

99 Witt, 153.

heiratet sein müsste. Einige hatten nun als Christen Neigung zu einem ehelosen Leben und fragten, ob sie nicht von diesem Gebot befreit sein könnten. Aber „die schwachen Gewissen konnten schwerlich das Gesetz Moses hinter sich lassen, des sie gewöhnet waren“[100].

Einen solchen Kontext vorausgesetzt, lässt sich das Kapitel in der Tat nachvollziehen als eine ausdrückliche Erlaubnis des ehelosen Lebens. Von einem solchen Kontext her ist nachvollziehbar, dass Paulus das ehelose Leben mit starken Worten empfiehlt, unter beständiger Erinnerung an die eigentliche Regelhaftigkeit der Verehelichung. Gleichzeitig macht Luther klar, und das macht ihm der Text wesentlich einfacher, dass der ehelose Stand nicht höher zu bewerten sei um seiner selbst oder seiner Verdienstlichkeit willen, sondern insofern er den vollen Einsatz für das Wort des Evangeliums erlaubt.

Aus exegetischer Sicht ist Luthers Auslegung heute nicht zwingend. Die meisten Exegeten würden die paulinische Sicht eher aus seiner starken Naherwartung heraus erklären. Wenn die Wiederkehr Jesu wirklich in Bälde zu erwarten ist, dann treten Fragen der Familienplanung zurück. Methodisch aber ist dies ein schönes Beispiel dafür, dass auch schon Luther zufolge neutestamentliche Anweisungen nicht verstanden werden können ohne den zeitgeschichtlichen Kontext, auf den sie sich beziehen.

100 WA 12,97.

4. Kontextualisierung biblischer Normen für heutige Fragen

Die Berücksichtigung des gegenwärtigen Kontextes ist schließlich noch einmal ganz grundsätzlich zu betonen. Ist die Bibel für Luther die höchste Autorität, so ist es selbstverständlich nicht praktikabel, die Bibel als alleinige Instanz der Urteilsbildung anzusehen. Für jede ethische Entscheidung ist es selbstverständlich, jeweils eine bestimmte Situation genau zu erfassen, ihre Handlungsmöglichkeiten und die abschätzbaren Folgen jeder Entscheidung zu berücksichtigen. Mit dieser Situationserfassung müssen ethische Normen und Maßstäbe vermittelt werden. Ethisches Handeln muss aus christlicher Sicht stets gleichermaßen schriftgemäß und sachgemäß sein.[101]

In seiner Schrift *Von Ehesachen* (1530) beschreibt Luther grundsätzlich die Herausforderung, sowohl dem historischen Kontext biblischer Texte als auch der heutigen Situation gerecht werden zu müssen.

> „Man muss mit Moses Gesetzen weislich verfahren. Denn es hat mit seinem Regiment in Ehesachen eine ganz andere Gestalt als bei uns. […] Sein Gesetz kann bei uns nicht in allen Stücken rund und völlig gelten, denn wir müssen unseres Land Gestalt und Wesen ansehen, wenn wir Recht und Gesetz aufstellen oder gebrauchen wollen, weil unser Gesetz und Recht auf unser und nicht auf Moses Land und Wesen Gestalt eingestellt sein muss, gleich wie Moses Gesetz auf sei-

---

101 Vgl. schon den EKD-Text Aufgaben und Grenzen kirchlicher Äußerungen zu gesellschaftlichen Fragen (1970): „Entscheidend für die Kirchlichkeit einer Äußerung ist allein deren Schrift- und Sachgemäßheit, die sich im Vollzug bewähren und erweisen muss" (32).

nes und nicht auf unsers Volkes Wesen und Gestalt eingestellt sind."[102]

Im Kontext dieser Schrift erörtert Luther diese kontextuelle Differenz zwischen biblischen Texten und seiner Welt am Beispiel des damals vieldiskutierten Problems heimlicher Verlobungen. Wie soll man sich entscheiden, wenn ein Mann mit einer heimlich Verlobten schon geschlafen und nun öffentlich eine andere geheiratet hat, mit der der Beischlaf noch nicht vollzogen wurde? Mose konnte dem Mann beide Frauen zugestehen, wie im Falle von Rahel und Lea, was bei uns nicht möglich ist. Unter Berufung auf die heutige Situation fordert Luther, der Mann solle die nehmen, mit der er schon geschlafen hat. Das Kriterium ist einfach: Eine Frau, die schon mit jemand anderem geschlafen hat, stünde in unserer Zeit in größter Gefahr, gar nicht mehr geheiratet zu werden. Für sie besteht die größere Gefahr, darum ist ihr vorrangig zu helfen.[103]

Aus heutiger Sicht mag eine solche Logik befremden. Denn Luther verschwendet keinen Gedanken auf die Frage, welche Menschen einander in Liebe verbunden sind und welche nicht. Dieses Kriterium spielt weder in den biblischen Ehegesetzen noch in Luthers Zeit eine Rolle; erst in der Neuzeit setzt sich die Liebesheirat als kulturelle Norm durch.

Bei dieser Berücksichtigung des aktuellen Sachverhaltes beruft sich Luther ausdrücklich auf das juristische Prinzip der Billigkeit. Gemeint ist damit das rechtliche Prinzip der Einzelfallgerechtigkeit.[104] Ethische Fragen können gar nicht anders, als immer in

102 WA 30/III, 225.

103 WA 30/III, 225-226.

104 Schon in seiner ersten Psalmvorlesung kann Luther schreiben: „Billigkeit erblickt Personen, die Justiz aber Fälle" (WA 55/II,1,108.). Für christlich verantwortete Ethik hält Luther ein solches Vorgehen für zentral.

einem bestimmten kulturellen Kontext bedacht werden. Das bedeutet auch, wie gesehen, dass biblische Gebote ausdrücklich auf ihren zeitgeschichtlichen Kontext hin befragt werden müssen, wie auch unsere Situation erst gründlich wahrgenommen und verstanden werden muss, bevor man an eine adäquate Normanwendung denken kann.

5. Norm und Sachverhalt

In Luthers Umgang mit Ehefragen aller Art spielt die Bibel eine zentrale Rolle. Seine grundlegenden Prinzipien und Normen gewinnt Luther aus der Bibel. Eine solche biblische Ethik ist nicht zu verwechseln mit einer biblizistischen Ethik, wenn man darunter die Behauptung versteht, ethische Aussagen der Bibel seien alle ungebrochen gültig und müssten konsequent befolgt werden. Von einem solchen Biblizismus unterscheidet sich Luther durch seine Berücksichtigung des jeweiligen historischen Kontextes der Schrift, wie auch durch seine Wahrnehmung einer innerbiblisch begründeten Hierarchie ethischer Normen.

Ethische Urteile ergeben sich nicht automatisch aus der Wahrnehmung biblischer Normen. Man kann sich nicht einfach auf die Normen und Gebote der Bibel im Sinne überzeitlicher Lehren berufen. Die Herausforderung besteht nicht darin, die Geltung der Bibel zu behaupten, sondern darin, biblische Normen angemessen auf immer neue Sachverhalte zu beziehen. Die genaue Betrachtung der jeweiligen Einzelfälle ist der unverzichtbare Kontext, in dem ethische Urteile gefunden werden können. Biblische Normen und Werte haben für die konkrete Erfahrung erhellende wie orientierende Kraft, so wie umgekehrt die Wahrnehmung einer jeweils spezifischen Situation die Frage nach sachgemäßen Normen erfordert und schärft. Dabei ist die Wahrnehmung des jeweiligen Sachverhaltes nicht einfach eine konkurrierende Instanz zur Bibel. Vielmehr kann man die Bibel als einen *Erhellungszusammenhang* für die rechte Einschätzung der eigenen Situation bezeichnen. Der rechte Blick für die Lebenswirklichkeit ist nicht immer schon gegeben. Luther beschreibt eindrücklich, wie die Wahrnehmung des Glaubens am Beispiel der Ehe ihre Schönheit und ihren Verheißungscharakter recht erkennen lässt. Gegenüber Skeptikern der Ehe betont Luther:

> „Was sagt aber der Glaube hierzu? Er tut seine Augen auf und sieht alle diese geringen, unlustigen, verachteten Dinge im Geist an und wird gewahr, dass sie alle mit göttlichem Wohlgefallen als mit dem köstlichsten Gold und Edelsteine gezieret sind.“[105]

Dabei sind es ausdrücklich die Worte der Bibel, in der die Güter des Lebens in das richtige Licht des Glaubens gestellt werden. Aber der Einzelfall ist mehr als ein bloßer Anwendungsbereich ethischer Normen. Nur in sorgfältiger Wahrnehmung eines konkreten Sachverhaltes kann man angemessen urteilen. Und wer der Wirklichkeit eines menschlichen Schicksals nicht gerecht wird, weil er sich nicht genügend um ihre Wahrnehmung und um ihr Verständnis bemüht, hat das höchste Prinzip christlicher Ethik, die Liebe, schon im Ansatz verloren.

105 Luther, Vom ehelichen Leben, 35.

VII. Allein gehst du ein?!

1. Weiterglauben – und die Gemeindefrage

Bislang haben wir eine Reihe von theologischen Fragen erörtert. Aber klar: Theologische Fragen im engeren Sinne haben für die große Mehrheit der Christen eine nur nachrangige Bedeutung. Eine erheblich wichtigere Frage ist für viele: Durch wen und mit wem glaube ich? Ein Großteil der Menschen, die als Erwachsene Christen sind, hat den Glauben in Kindheit oder Jugend kennengelernt, sehr häufig in der eigenen Familie. Gerade in der Kindheit findet sich eine hohe Ansprechbarkeit für Glaubensfragen. Kinder glauben sehr häufig mit ihren Eltern mit. Das Jugendalter ist eine natürliche Krise. Was jahrelang leichtfiel – Kindern von Gott zu erzählen, etwas aus der Bibel vorzulesen, mit ihnen zu beten – wird alles andere als selbstverständlich. Die Gleichaltrigen haben in solchen Fragen auf einmal eine ganz andere Bedeutung. Und die Fortsetzung einer Glaubensbiographie hängt nicht selten davon ab, ob Jugendliche über die Kindheit hinaus andere Altersgenossen finden, die mit ihnen glauben.

Weiterglauben – die Frage, wer mit wem weiterhin glaubt, ist alles andere als gleichgültig. Es lohnt, an dieser Stelle einmal grundsätzlich nachzudenken. Welche Bedeutung hat die Kirche, haben christliche Gemeinden oder überhaupt Menschen, mit denen zusammen ich glaube?

2. Niedergang oder Erneuerung des Christentums?

Gläubige Menschen sind keine Inseln. Jeder glaubt inmitten einer ganz bestimmten religiösen Landschaft, wo ähnlich, anders oder gar nicht geglaubt wird. Jeder persönliche Glaube ist Teil einer solchen umgebenden Glaubenslandschaft. Wie sind diese Bedingungen beschaffen, inmitten derer wir uns immer schon so oder anders zum Glauben verhalten?

Bei der Deutung der gegenwärtigen religiösen Lage werden seit einiger Zeit unterschiedliche Ansätze vertreten, von denen zwei besondere Bedeutung haben. Die klassische Deutung der modernen Religionssoziologie ist die *Säkularisationshypothese.* Sie lautet ganz schlicht: Religion ist ein Erbe vormoderner Zeiten. Einst war alles religiös begründet, die Moral, die Politik, die Weltanschauung – alles hat seinen letzten Grund wie seinen höchsten Maßstab in Gott. In der Moderne werden die einzelnen Lebensbereiche zunehmend selbstständig. Die Menschen benötigen Gott nicht mehr, um die Welt zu erklären oder um politische Ordnung zu begründen. Dieser Wandel führt zu einem unaufhörlichen Niedergang der Religionen. Religiös ist man zunehmend nur noch aus religiösen Gründen, nicht, weil sich das so gehört oder damit irgendein Status- oder Erkenntnisgewinn etc. verbunden ist. In dem Maße, wie die Religionen sich an die moderne Welt anpassen, werden sie langweilig und verlieren ihren Reiz sowohl für die streng Gläubigen als auch für die Ungläubigen. In dem Maße, wie religiöse Gruppen die Entwicklungen der Moderne bekämpfen, können sie zwar hier und da leidenschaftliche Aufbrüche entfachen. Langfristig aber werden solche Religionen nicht bestehen können.

Bis heute halten viele eine solche Sicht für plausibel. In den letzten Jahrzehnten ist jedoch auch eine andere Deutung der religiösen Entwicklung unserer Gesellschaft populär geworden: die *Individualisierungshypothese*. Hier wird zunächst festgestellt: Empirisch gibt es eindeutige Gegenbeispiele für die erste Gesamtdeutung. Sie scheint in Europa oder auch in Australien zu passen, aber in Nord- und Südamerika gibt es z.B. Länder, wo zunehmende Modernisierung mit wachsender Religiosität verbunden ist. Religionen sind wandlungsfähiger, als ihnen oft unterstellt wird. Es mag einen Niedergang traditioneller Staatskirchen wie in Europa geben, aber auf einem vielfältigen religiösen Markt finden viele Menschen für sich persönlich einen stimmigen Weg, sei es innerhalb neuer religiöser Aufbrüche, sei es in privater Patchwork-Frömmigkeit, die sich aus unterschiedlichen Quellen bedient. Solche individuelle Religiosität wird oft noch nicht hinreichend wahrgenommen. Insgesamt findet eher ein Wandel der Religionsformen statt, keine Auflösung von Religion insgesamt.

Wer hat recht? In ihrem Buch *Religion in der Moderne*[106] geben Pollack und Rosta einen breiten Überblick über internationale Entwicklungen des Christentums. Je mehr Länder man berücksichtigt, umso komplizierter wird es. Ja, es gibt sehr stabile Trends des Niedergangs von Religion. Es gibt aber auch erstaunliche Gegenentwicklungen. Und vor allem sollte man mit Verallgemeinerungen sehr vorsichtig sein. Selbst Nachbarländer wie z.B. Deutschland und Polen oder Italien und Frankreich sind nur schlecht bis gar nicht zu vergleichen. Zwei Aspekte kann man hervorheben.

a) Gemeinschaftsbezug

Durchweg zeigt sich ein sehr klarer Zusammenhang: Individuelle

---

106 Detlef Pollack, Gergely Rosta, Religion in der Moderne. Ein internationaler Vergleich, Frankfurt 2015.

Frömmigkeit ist dort am stärksten und langlebigsten, wo sie in Gemeinschaften eingebettet ist.

Der Zusammenhang ist eindeutig: „Unsere Analysen haben gezeigt, dass individuelle Glaubensüberzeugungen dann am stärksten ausgeprägt sind, wenn der Einzelne in institutionelle und gemeinschaftliche Zusammenhänge eingebunden ist.“[107] Es zeigt sich immer wieder, dass Religion „auch in modernen, hoch individualisierten, kulturell pluralisierten und funktional differenzierten Gesellschaften einen stark gemeinschaftlichen Charakter“[108] besitzt.

Die Großkirchen nehmen ja seit langem wahr, dass viele ihrer Mitglieder keinen Anschluss mehr an ihre traditionellen Gottesdienste finden. Für viele freikirchliche Christen scheint es selbstverständlich: Menschen, die höchstens mal zu Weihnachten zur Kirche kommen, können doch nicht im Ernst Christen sein. Viele Umfragen zeigen jedoch, dass eine solche Abwertung ungerecht und unsachgemäß ist. Gar nicht so wenige dieser Menschen sehen sich nicht nur als Christen, sie beten und setzen sich mit ihrem Glauben auseinander. In den Kirchen wurden diese Menschen als die treuen Kirchenfernen bezeichnet oder als die Verbundenen auf Distanz. Die neueren Zahlen machen deutlich: Diese Haltung ist weniger stabil als vermutet. Ja, Menschen bleiben vielleicht ein Leben lang in einer solchen losen Zuordnung zum christlichen Glauben. Gleichzeitig schrumpft die Verbindung mit Kirche und Glaube in der nächsten Generation. Religion funktioniert auf Dauer nicht privat. Natürlich darf man eine solche These nicht verabsolutieren. Es gibt viele Beispiele von Menschen, die sich nach einer intensiven christlichen Prägung in ihrer Kindheit bzw.

107 A.a.O., 473.

108 Ebd.

Jugend von der Teilnahme an kirchlichen Veranstaltungen abwenden – und gleichwohl Christen bleiben. Nur statistisch gibt es einen eindeutigen Trend: Je weniger eine Familie in Kirche und Gemeinde eingebunden ist, desto unwahrscheinlicher ist es, dass die Kinder den christlichen Glauben übernehmen. Die Weitergabe des Glaubens an die nächste Generation hängt wesentlich daran, ob junge Menschen den christlichen Glauben auch in einer gelebten Form vor Augen haben oder nicht.

Offenkundig liegt hier eine Stärke des evangelikalen bzw. charismatisch-pfingstlichen Frömmigkeitsspektrums. Die Beteiligung an Gottesdiensten, die Angebote an Kinder- und Jugendarbeiten und schließlich die Weitergabe des Glaubens an die jeweils nächste Generation haben hier einen viel größeren Stellenwert. Ist das der Grund, warum es für manche eine Faustformel zu sein scheint: Liberale Kirchen schrumpfen, evangelikale Gemeinden wachsen? Ganz so einfach ist es nicht. Es gibt noch einen zweiten Faktor, der sich im internationalen Bereich als länderübergreifend wirksam erweist.

b) Kontextverbundenheit

Religiöses Wachstum oder zumindest Stabilität ist da zu beobachten, wo sich Glaubensgemeinschaften produktiv mit nichtreligiösen Interessen und Bedürfnissen verbinden. Besonders starke Bedeutung hat der Glaube traditionell in Ländern, wo die Religion über längere Zeit hinweg maßgeblich die nationale Identität prägte, wie in Polen oder Griechenland. Dort ist Religion für ihre Anhänger nicht nur Religion, sondern fester Teil ihrer nationalen und kulturellen Identität. Religionsgemeinschaften sind da besonders stabil, wo ihnen eine solche kulturelle Einbettung gelingt.

Bisweilen wird gesagt, die Evangelikalen seien weltweit eine riesige Bewegung. Übersehen werden die großen Differenzen zwischen den jeweiligen Kulturen. Da, wo evangelikale Gemeinschaften wachsen, sind sie in wesentlichen Fragen keine Gegenkultur. Konservative Sexualethik ist in vielen Ländern keine Minderheitenposition, sondern gesellschaftlicher Mainstream. Evangelikale Bewegungen in Südamerika oder in Afrika sind keine Kontrastgemeinschaften, die im Gegensatz zu den dominierenden Werten ihrer Umgebungskultur stehen. Konservative Glaubensgruppen wachsen gerade da am schnellsten, wo sie kulturell eingepasst sind in ihre Gesellschaften; zumal ihr Wachstum in der Regel auch von der demographischen Entwicklung dieser Länder unterstützt ist. Umgekehrt mangelt es nicht an Beispielen, dass es im Westen auch stark schrumpfende konservative Gruppen gibt.

3. Flucht aus Evangelikalien

2017 veröffentlichte der in christlichen Kreisen als Evangelist und Künstler bekannt gewordene Gofi Müller sein stark autobiographisch gefärbtes Buch *Flucht aus Evangelikalien.* Mit „Evangelikalien" verwendet Müller ein Kunstwort, um deutlich zu machen: Es geht nicht um eine erschöpfende und differenzierte Analyse dessen, was man für gewöhnlich unter der evangelikalen Bewegung versteht. Dort gibt es wie überall ein breites Spektrum, dem keine Verallgemeinerung gerecht würde. Aber Müller stellt eine Verarbeitung seiner persönlichen Erfahrungen zur Verfügung, weil er weiß, mit mancher problematischer Erfahrung keineswegs allein zu sein. Anders, als der Titel vielleicht vermuten ließe, handelt es sich keineswegs um einen Blick zurück im Zorn. Gofi Müller lässt keinen Zweifel daran, dass viele Menschen in evangelikalen Kreisen wohltuende, stärkende und stützende Erfahrungen mit Gott und mit anderen Gläubigen machen. Gerade weil das so ist, fällt es vielen schwer, überhaupt wahrzunehmen, dass es da auch eine andere Seite gibt. Müller schreibt:

> „Ich bin vielen Menschen begegnet, die in ihrem persönlichen Evangelikalien psychisch zerstört worden sind. Sie wurden ausgegrenzt oder ausgebeutet oder missbraucht oder alles zusammen. Ihre Würde wurde missachtet, ihr Wesen und ihre Eigenarten wurden als ungenügend abgestempelt, vielleicht sogar als gefährlich, weil man vor einer Art Ansteckung Angst hatte."[109]

109 Gofi Müller, Flucht aus Evangelikalien. Über Gott, das Leiden und die heilende Kraft der Künste, Norderstedt 2017, 30-31.

Was ist los in Evangelikalien? Wie kommt es, dass man dort beides erleben kann: Gemeinsame Ausrichtung auf die Liebe Gottes, verbunden mit viel wechselseitiger Unterstützung und Zuwendung auf der einen Seite, aber auch wenig Raum für kritische Fragen, die starke Neigung, Scheitern und Misserfolge zu verdrängen, rigorose Ausgrenzung derer, die in als wichtig empfundenen Fragen von der Mehrheitsmeinung abweichen?[110]

Man sollte nicht einfach pauschal die Christen verurteilen, die sich in solchen Gemeinden wohlfühlen. Aus religionssoziologischer Perspektive spielen bei diesen ambivalenten Erfahrungen strukturelle Gründe eine erhebliche Rolle. Nach Pollack und Rosta sind religiöse Minderheiten von besonderen Gefährdungen bedroht. Die eigene Selbstbehauptung „gelingt zumeist nur durch scharfe soziale Abgrenzung, Steigerung des Relevanzanspruchs, Abwertung Andersgläubiger, Aufrichtung hierarchischer Strukturen, Unversöhnlichkeit gegenüber Abweichlern, Kommunikationssperren, Behauptung von Tabuzonen, Bevormundung von Anhängern".[111] Die Autoren fügen hinzu, dass solche Gruppen genau aufgrund dieser Mechanismen in offenen Gesellschaften bei allem missionarischen Eifer massiv an ihre Grenzen stoßen, ein Phänomen, das man als „Relevanzverlust aufgrund übersteigerter Relevanzansprüche"[112] bezeichnen könnte.

Viel zu viele Christen haben in christlichen Gemeinden und Gemeinschaften Härte und Ausgrenzung erfahren. Nach ihrer Untersuchung über Menschen, die sich vom christlichen Glau-

---

110 Dass es sich dabei um reale Probleme handelt, macht die Besprechung der Gedanken von Gofi Müller durch Markus Till deutlich: 6 Gründe für die „Flucht aus Evangelikalien. Erfahrungen und Einsichten aus dem ‚Hossa-Land'", http://blog.aigg.de/?p=3661.

111 Pollack, 482.

112 Ebd.

ben abgewandt haben, fassen Faix, Hofmann und Künkler zusammen: „Immer wieder wurde in den Gesprächen deutlich, dass sich die Befragten mit ihren Zweifeln in der Gemeinde nicht ernst genommen fühlten. Es gab aus ihrer Sicht wenig oder sogar gar keinen Platz für ihr Nachfragen und Hinterfragen."[113] Es gehört zu den Zeichen der Zeit, dass es heute nicht wenige Christen gibt, die Abstand halten von christlichen Gemeinschaften – um ihren Glauben zu schützen.

Enge Gemeinschaft lässt sich offenbar nicht immer weiter einseitig steigern, ohne zur Gefahr zu werden. Dasselbe gilt für religiösen Individualismus. Absolute Freiheit macht asozial, totale Gemeinschaft führt zu Selbstverlust und totalitärem Machtmissbrauch. Die biblische Weisheit wusste um solche Zusammenhänge, davon, dass die Radikalisierung einer eigentlich doch guten Haltung diese am Ende verdirbt:

> „Sei nicht allzu gerecht und nicht allzu weise, damit du dich nicht zugrunde richtest. 17 Sei nicht allzu gottlos und sei kein Tor, damit du nicht stirbst vor deiner Zeit. 18 Es ist gut, wenn du dich an das eine hältst und auch jenes nicht aus der Hand lässt" (Prediger 7,16-18).

Solche paradoxen Formulierungen sind wichtig. Sie machen deutlich, dass die Wahrheit niemals unabhängig vorliegt von einer ganz bestimmten Situation. Dietrich Bonhoeffer hat diesen Zusammenhang in seinem Buch *Gemeinsames Leben* mustergültig beschrieben. „Wer nicht allein sein kann, der hüte sich vor der Gemeinschaft. [...] Wer nicht in der Gemeinschaft steht,

113 Faix u.a., 180.

der hüte sich vor dem Alleinsein."[114] Das heißt konkret: Für viele dichte christliche Gemeinschaften wäre es ein Zeichen geistlicher Gesundheit, wenn sie bisweilen vor sich selbst warnen würden: Übernimm nicht einfach blind, was dir hier gepredigt wird! Denke selbst nach! Gönne dir eine eigene Meinung, gib dir auch die Zeit, in bestimmten Fragen einfach noch keine Meinung zu haben. Nimm dir vielleicht auch mal Auszeiten von unseren Gottesdiensten. Bleib im Kontakt mit Christen, die ganz anders glauben, lasse dich auch mal ein auf andere geistliche Strömungen.

Es gibt viele Christen, die solches auch in kleinsten Ansätzen nicht gehört und durch „christliche" Gemeinschaft erheblichen Schaden genommen haben an Geist und Seele. Es gibt leider auch Christen, die nichts dringender benötigen als die Ermutigung, ihre bisherigen Kreise getrost zu verlassen. Oder eine Bestärkung darin, dass sie fliehen mussten. Gofi Müller beschreibt das so:

> „Viele von ihnen sind mit letzter Kraft aus dieser Hölle geflohen, die sich selbst für das Paradies hält, und sind jetzt für ihr Leben gezeichnet. Ihnen wurden Wunden geschlagen, die nur ein Gott heilen kann, aber das Teuflische ist, dass sie ihnen im Namen des Gottes geschlagen wurden, der sie nach Meinung anderer Frommer plötzlich wieder heilen will."[115]

Für solche Menschen mag es eine Anrede Gottes sein, sich auf Youtube in Endlosschleife die Szene aus dem ersten Teil von Herr der Ringe, „Die Gefährten", anzusehen, wo Gandalf nach dem Kampf mit dem Balrog seine Gefolgsleute mahnt: „Flieht, ihr Narren!" Denn es gibt Religionsgemeinschaften, deren des-

---

114 Dietrich Bonhoeffer, Gemeinsames Leben, München 1987, 65-66.

115 Müller, 31.

truktive Botschaften sich in die tiefsten Selbstgespräche ihrer Anhänger ebenso heillos verkrallt haben wie die schlangenförmigen Glieder des Balrog, der Gandalf in den Abgrund reißt: „Flieht, ihr Narren!“ Es gibt Christen, deren Seele jahrelange religiöse Brache braucht, um von ihren bisherigen Gemeindeerfahrungen entgiften zu können.

Ganz ohne Aber, nur mit UND, möchte ich fortfahren: Glaube ist ein soziales Phänomen. Für mich, der ich in Projekten wie z.B. Worthaus involviert bin, heißt das dann: Der Mensch lebt nicht vom Podcast allein, sondern auch von jeder sichtbar-leibhaften Gemeinschaft mit Menschen, denen Glaubensfragen wichtig sind. Christsein bedarf der Anregung durch konkrete Mitchristen, durch auf den ersten Blick schwer zugängliche Traditionen voller Weisheit und Tiefe. Christen brauchen die Erfahrungen gemeinsamer Aufbrüche, gemeinsamen Scheiterns und Weitermachens. Die Erfahrung, mit anderen zu singen, zu beten, das Abendmahl zu teilen, ist schlechterdings nicht ersetzbar durch gemeinsame Teilhabe an digitalen Projekten. Daher ist es auch kein Wunder, dass sich bei vielen geistlichen Internetformaten über kurz oder lang Fortführungen dieser Impulse in der leibhaftigen Welt anschließen.

4. Kirche und Gemeinschaft

Ein letzter Gedankenkreis. Im Apostolischen Glaubensbekenntnis heißt es bekanntlich: „Ich glaube an den Heiligen Geist, die heilige christliche Kirche, Gemeinschaft der Heiligen." Das klingt irgendwie doppelt gemoppelt. Den wenigsten Christen ist bewusst, was mit dieser Passage im Glaubensbekenntnis eigentlich gemeint ist. Was wollten die Konzilsväter sagen, die diese Formulierung von der Gemeinschaft der Heiligen in die zentralen Bekenntnistexte des Christentums aufnahmen? Zwei Auslegungsweisen finden sich seit altkirchlicher Zeit. Die erste Deutung sieht in dieser Formel die starke Verbundenheit mit den Heiligen im Sinne der Märtyrer, der verstorbenen Christen, mit denen wir jetzt verbunden sind. Die andere Deutung bezieht das Wort „die Heiligen" auf die heiligen Dinge – vor allem die Eucharistie.

Die „Gemeinschaft der Heiligen" steht damit für einen Zusammenhang, der sehr vielen frommen Protestanten, höflich formuliert, nicht so wichtig ist. Das moderne Verständnis vieler evangelischer Christen dürfte wohl eher sein: Gemeinschaft der Heiligen: Damit sind wir alle gemeint, das Neue Testament nennt alle Christen „die Heiligen", und für Christen ist Gemeinschaft mit anderen Gläubigen unverzichtbar. Das ist mit ziemlicher Sicherheit nicht die Aussageabsicht des Apostolischen Glaubensbekenntnisses. Aber es ist ja nicht verboten, alte Formeln neu zu deuten, sie im Lichte moderner Erfahrungen zu durchdenken und Aspekte zu erschließen, die früheren Zeiten weniger wichtig waren. Nehmen wir mal diese moderne Deutung als Ausgangspunkt. Ja, leibhafte Gemeinschaft ist wesentlich. Und doch war die Erinnerung an das, was die Formel in der Alten Kirche ursprünglich bedeutet hat, für mich kein Umweg. Die Mütter und Väter des Glaubens konnten sich offensichtlich Gemeinschaft der Gläubigen nicht vorstellen ohne eine Verbundenheit über Zeit und Raum hinweg, ohne Teilhabe an den Sakramenten, an dem, was nicht zwischen Menschen geschieht, sondern was Menschen untereinander von außen – oder oben – verbindet. Und das ist eine wesentliche Einsicht. Letztlich steht dafür ja das Wort Kirche. Kirche ist ein viel schöneres Wort als das profane Wort Gemeinde, das für jede politische Stadtteil- und Kreiseinheit verwendet wird. Kirche kommt von kyriake (kyrios [griechisch] = Herr) und bedeutet „dem Herrn eigen".

Die heilige, christliche Kirche, die Gemeinschaft der Heiligen – das möchte ich für unsere Herausforderung einmal so auslegen: Glaube ist eine Gemeinschaftsangelegenheit, die zugleich davor geschützt werden muss, in vorfindlichen Gemeinschaften des Glaubens aufzugehen. Glaube braucht Gemeinschaft und mehr. Und darin sehe ich eine große Herausforderung jedes zukünftigen Christentums.

In den meisten westlichen Ländern sind viele Menschen es gewöhnt, Fragen der Religion mit sich selbst auszumachen, wie man so sagt. Nur: Wer von diesen Menschen hat diese ganzen Fragen mit sich selbst angefangen? Glaube entsteht nicht aus dem Nichts, sondern angeregt, angestoßen, hervorgelockt durch Vorbilder oder auch mal durch Gegenbilder.

Glaube entsteht in der Berührung mit Glaube. Theologen mögen mit guten Gründen darauf hinweisen wollen, dass es doch das Wort Gottes sei, das allein den Glauben bewirkt. Schön und gut, nur: Es ist das Wort, das einem gesagt wird, nicht das Wort, das man sich selbst sagt. Es ist das Wort, das uns andere Gläubige bezeugen.

Pascal Mercier hat in seinem Roman Nachtzug nach Lissabon eine in mehrfacher Hinsicht eindrückliche Rede eingebunden mit dem Titel *Liebe und Abscheu vor dem Wort Gottes*. In einem

Abschnitt wird sehr schön deutlich, dass Glaube ganz schlicht entsteht beim Anblick des Glaubens:

> „Ich möchte nicht in einer Welt ohne Kathedralen leben. Ich brauche ihre Schönheit und Erhabenheit. Ich brauche sie gegen die Gewöhnlichkeit der Welt. Ich will zu leuchtenden Kirchenfenstern hinaufsehen und mich blenden lassen von den unirdischen Farben. Ich brauche ihren Glanz. [...] Ich liebe betende Menschen. Ich brauche ihren Anblick. Ich brauche ihn gegen das tückische Gift des Oberflächlichen und Gedankenlosen."[116]

Aus protestantischer Sicht mag das zu katholisch klingen, ist man doch aus besten biblischen Gründen davon überzeugt, dass wir es vor allem mit dem Evangelium Gottes zu tun bekommen müssen. In letzter Konsequenz halte ich dies auch für richtig: Das Wort trägt den Glauben und nicht der Glaube das Wort. Und doch ist es in der wirklichen Welt so, dass dieses Wort nicht von Mensch zu Mensch gelangt, ohne dass glaubende Menschen über das sprechen, was sie trägt. Wir brauchen den Anblick betender Menschen.

Menschen brauchen Gemeinschaft – und Kirche. Keine vorfindliche Gemeinschaft kann verkörpern, an wen und was wir glauben. Jede konkrete Gruppe, Gemeinde, und m.E. auch jede Kirche und Konfession, leiden an ihren eigenen Verengungen und Horizontverkürzungen. Viele christliche Gemeinden haben sich in den letzten Jahrzehnten profiliert auf Kosten der großen Kirchen. Hier bei uns findest du alles, was du brauchst: Lehre,

116 Pascal Mercier, Nachtzug nach Lissabon, München 2004, 198. „Pascal Mercier" ist übrigens das Pseudonym des analytischen Philosophen Peter Bieri.

Hilfe in Lebensfragen – und vor allem Gemeinschaft. Das Versprechen der Gemeinschaft wird oft nicht eingelöst – oder wenn dann nur von einem Teil der Gemeinde, dem Hauskreis, den Gruppen für junge Erwachsene, dem Teenie-Kreis etc.

Menschen brauchen Kirche – und Gemeinschaft. Tatsächlich finden sie nicht selten nur Gemeinden – die beides versprechen, ohne es wirklich halten zu können. Christen benötigen einen größeren Horizont der Orientierung, als jede Kleingruppe ihn bieten könnte. Und sie brauchen Gesprächspartner, mit denen Gespräche über letzte Dinge überhaupt möglich sind.

Was könnten christliche Gemeinden tun? Was wäre jetzt dran für Pastorinnen und Pastoren, die zwischen schrumpfenden Gemeinden an der Peripherie und immer größeren Gemeindezusammenlegungen in den Städten stecken? Gemeinden sind Anlaufstellen, die sowohl in den Horizont von Kirche einführen als auch Angebote der Gemeinschaft (auf Zeit, mit bestimmten Schwerpunkten, in einer bestimmten Form etc.) vermitteln. Dass sich in den christlichen Kirchen und Gemeinden Räume bilden können, die Geborgenheit ohne Enge schenken, dass christliche Gemeinschaften den größeren Horizont einer Kirchlichkeit entdecken, in der man Freiheit entdeckt ohne Beliebigkeit – darin liegt eine große Herausforderung der Zukunft.

Allein gehst du ein? Nein, ich glaube, dass solche Drohbotschaften der Vergangenheit angehören sollten. Die mit solchen Sprüchen verbundene Atmosphäre lassen viele Christen hinter sich. Und doch sollte man aufpassen, beim Abschied nicht so die Tür zuzuknallen, dass man sich selbst beschädigt. In dem Film *Der Stadtneurotiker* geht es um die Irrungen und Wirrungen moderner Paarbeziehungen. Warum sie so schwer gelingen und warum sie unverzichtbar sind. Die Pointe des Films fasst der Erzähler am Ende mit einem Witz zusammen:

> „Da musste ich an den alten Witz denken, den vom Mann, der zum Psychiater kommt und dann sagt: ‚Doktor, mein Bruder ist verrückt, er denkt, er ist ein Huhn.' Und der Doktor sagt: ‚Warum bringen Sie ihn nicht ins Irrenhaus?' Und der Mann sagt: ‚Das würde ich ja gerne, aber ich brauche die Eier.'– Tja, ganz ähnlich ist es auch mit menschlichen Beziehungen, hab' ich das Gefühl. Sie sind oft so irrational, so verrückt und absurd, aber trotzdem machen wir das mit, weil, tja weil die meisten von uns die Eier brauchen."

So ähnlich ist es auch mit christlichen Gemeinden. Viele Christen könnten Geschichten zum Haareraufen erzählen. Aber sie gehen nicht, zumindest nicht so ganz. Manchmal muss man wohl eine ganz bestimmte Gemeinschaft verlassen. Aber vielleicht sollte man sich nicht einreden, dass man Eier schon immer gehasst hat, um seinen Abschied zu rechtfertigen. Die meisten von uns brauchen die Eier.

VIII. Der Fromme der Zukunft wird Mystiker sein

Wir leben in einem Zeitalter der Authentizität. Wenn Menschen überhaupt offen sind für religiöse Fragen, suchen sie einen Glauben, der mit ihrem Leben zu tun hat. Sie wollen Dinge nicht glauben oder tun, weil sie das müssen, sondern weil es ihnen selbst einleuchtet. Die Suche nach einem solchen persönlichen Glauben ist sicherlich eine der Langzeitfolgen der Reformation. Dieser Maßstab der Authentizität hat auch seine Misslichkeiten. Er kann umschlagen in eine ausschließliche Betonung des Spontanen, des freien Gebets, der ungeplanten, echten Gottesbegegnung, „wenn mir danach ist" oder „wenn es sich für mich gut anfühlt"; auf Kosten des Regelmäßigen, der geprägten Form, der Einbettung in das Überpersönliche, wie es in Liturgie, Kirchenjahr, Psalmgebet etc. ausgedrückt ist. Authentizität ist eine unverzichtbare Bedingung jeder heutigen Frömmigkeit, die ihr gleichzeitig auch zur Falle werden kann.

1. Frömmigkeit heute und morgen

Wenige Zitate von Theologen haben im 20. Jahrhundert so häufige Aufnahme gefunden wie der Satz des katholischen Theologen *Karl Rahner*: „Der Fromme der Zukunft wird ein Mystiker sein, einer, der etwas erfahren hat, oder er wird nicht sein."[117] Nicht nur dieses Zitat, der ganze Aufsatz *Frömmigkeit heute und morgen* ist ein Klassiker. Noch 50 Jahre nach seinem Erscheinen spürt man, dass hier jemand nicht nur auf der Höhe seiner Zeit war, sondern auch künftige Entwicklungstendenzen beschrieben hat, die in hohem Maße eingetroffen sind.

Kurz nach dem Ende des 2. Vatikanischen Konzils, der großen theologischen und spirituellen Erneuerung der Katholischen Kirche, wirft Karl Rahner einen genauen Blick auf die Herausforderungen unserer Zeit. Nüchtern wie präzise beschreibt er, auf welche Veränderungen sich die Kirche einstellen muss. In der Vergangenheit waren viele Menschen Christen, weil sie in diese Tradition hineingeboren wurden und es sich schlicht so gehörte, dabei auch zu bleiben. Das christliche Abendland verknüpfte Bürger- und Christsein durch unzählige feste wie zarte Bande. Die Zugehörigkeit zur Kirche war für viele Generationen keine Entscheidung, sondern eine Selbstverständlichkeit. Diese Bande lösen sich. Die Kirchen haben lange gelebt von der Fraglosigkeit des Glaubens. Ganz nüchtern müssen sie sich nun einstellen auf eine Zeit, in welcher der Glaube „ohne die Stütze der ‚öffentlichen Meinung' und Sitte" sein wird: „In einer solchen Welt christlich fromm zu sein ist gewiß keine Selbstverständlichkeit, zumal die gesellschaftliche Selbstverständlichkeit, daß man so etwas sein könne und müsse, nicht mehr existiert."[118]

---

117 Karl Rahner, Frömmigkeit heute und morgen, in: GuL 39/5 (1966), 326-342, 335.

118 A.a.O., 333-334.

Ich sprach mal mit einem Priester, der in den 1960er Jahren seine Berufung erfuhr und sich für ein Studium der katholischen Theologie entschloss. Es war für ihn nicht so ganz einfach, seinem Vater, einem Unternehmer, diese Lebensentscheidung zu „beichten". Sein Vater habe ihm (sinngemäß) Folgendes mit auf den Weg gegeben: „Junge, du bist erwachsen und musst wissen, was du tust. Aber so viel möchte ich dir sagen. Ich bin Geschäftsmann. Wenn ich auf die Kirche gucke, sehe ich da eine Einrichtung mit einem Geschäftsmodell, das nicht mehr funktioniert. Früher wurde man in die Kirche hineingeboren und blieb drin bis zum Tod. Das ändert sich anscheinend gerade. Immer weniger Menschen werden zur Kirche gehören wollen, nur weil sich das so gehört. Das heißt für dich: Jeden Morgen, wenn du aufwachst, hast du schon wieder Miese gemacht. Mit so was zu leben ist für einen Mann nicht leicht."

So ist es gekommen – und so weit das Auge reicht, ist dieser Trend intakt. Bis heute ist der Text von Karl Rahner ein Augenöffner für diese Zeit des Umbruchs. Karl Rahner diagnostiziert seine Zeit als eine Epoche, die durch große „Unruhe" gekennzeichnet ist. „Diese heutige Unruhe ist ein kaum ganz analysierbares Gemenge von Angst vor dem Neuen und beinahe wild gewordenem Wollen des Neuen."[119] Die einen sehen in den zaghaften Veränderungen der Kirche den entscheidenden Fehler. Die Menschen wollen keine moderne Kirche, sondern die ewige Kirche. Für andere ist es genau umgekehrt: Die Menschen verlassen die Kirche, weil sie mit der Entwicklung der Gesellschaft nicht Schritt hält. Was die Kirche ausbremst, ist ihr eigener Reformstau.

Inmitten solcher Debatten stand Rahner grundsätzlich auf der Seite der Reformer. Gleichzeitig mahnte er alle zu mehr Gelassen-

119 A.a.O., 326.

heit: „Es ist vielleicht heute schon so – mindestens, wenn man das aufgeregte Gebaren mancher Übereifriger betrachtet –, daß die wahren Nonkonformisten im Lager derer sind, die einen echten, gelassenen, liebenden Respekt vor dem Erbe der religiösen Vergangenheit und ihrer Erfahrung haben. [...] Wer glaubt, einen neuen Typ von Frömmigkeit in der Kirche zu leben und werbend darstellen zu können, kann ein nicht unwichtiges Kriterium der Echtheit seiner Frömmigkeit in ‚Unterscheidung der Geister' bei der Prüfung finden, ob er dabei das Erbe weiser christlicher geistlicher Erfahrung der Jahrhunderte zu wahren weiß."[120]

Rahner hält es für völlig aussichtslos und auch theologisch verfehlt, sich ausschließlich an die überlieferten Formen des Glaubens zu klammern. Das Konzil hatte an dieser Stelle einen Abschied markiert von einem langen Selbstverständnis der katholischen Kirche, einfach nur die eine, wahre und ewige Gestalt des christlichen Glaubens zu bewahren. Kirche kann sich dem Wandel der Geschichte nicht entziehen, sie muss sich auf ihre jeweilige Umgebungskultur einlassen. Das bedeutet ganz schlicht auch, dass die Kirche sich auf eine Vervielfältigung der Glaubensgestalten einlassen muss:

> „Es wird in der Zukunft viele Stile christlicher Frömmigkeit geben. Das gilt einfach auch deshalb, weil der Mensch, trotz der Massengesellschaft, schon im Weltlichen viel mehr und viel unterschiedlichere Lebensweisen als früher entwickeln kann. Die Variationsbreite des Stiles christlicher Frömmigkeit von morgen wird größer sein und darf es auch. Es ist wichtig, diese Situation zu sehen und deutlich anzuerkennen."[121]

---

120 A.a.O., 329.

121 A.a.O., 342.

Zugleich ist es für Rahner wesentlich, dass die weitere Entwicklung des Glaubens Augenmaß und Geduld benötigt. Und das gilt vor allem für die christliche Frömmigkeit, die Praxis des Glaubens. Theologische Fragen sind wichtig, liturgische und organisatorische Fragen keineswegs bedeutungslos. Aber wo die Sitte und Gewohnheit keine Stütze mehr sind, zur Kirche zu gehören, wird etwas anderes entscheidend: Frömmigkeit als innere Erfahrung und Vergewisserung des christlichen Glaubens. Zu einer Religion gehört man in der Spätmoderne nur noch aus religiösen Gründen. Daher gewinnt die im engeren Sinne religiöse Seite des christlichen Glaubens besondere Bedeutung. An dieser Stelle kommt das Stichwort des Mystikers ins Spiel.

2. Mystische Frömmigkeit

Was meint Karl Rahner in diesem Zusammenhang mit Mystik? Wer mit der Geschichte christlicher Frömmigkeit ein wenig vertraut ist, weiß, dass es im Grunde um etwas Paradoxes geht: mit Rahners Worten um die „Erfahrung des unbegreiflichen Gottes“[122]. Dieses Paradox ist Rahner wichtig, und ich möchte seine beiden Seiten an dieser Stelle auslegen.

Im Jahr 1996 habe ich als junger Theologiestudent angefangen, mich ein wenig mit dem rheinischen Pietisten Gerhard Tersteegen zu beschäftigen. Ich mochte seine im Gesangbuch überlieferten Lieder wie *Gott ist gegenwärtig* oder *Ich bete an die Macht der Liebe.* Mich faszinierten die Anmut und Weite seiner Formulierungen, mit denen er den vertrauten Umgang mit Gott beschrieb, etwa in der 6. Strophe von *Gott ist gegenwärtig*:

6. Du durchdringest alles;
lass dein schönstes Lichte,
Herr, berühren mein Gesichte.
Wie die zarten Blumen
willig sich entfalten
und der Sonne stille halten,
lass mich so
still und froh
deine Strahlen fassen
und dich wirken lassen.

Tersteegen fand immer wieder Bilder, die Erfahrungen des Glaubens beschrieben und dadurch zugleich auch zugänglich mach-

122 A.a.O., 332.

ten und vertieften. Ebenso liebte ich die Sprache der Hingabe, die er für die Gottesbeziehung fand, wie z.B. in seinem Lied *Ich bete an die Macht der Liebe*:

> Wie bist du mir so zart gewogen.
> Und wie verlangt dein Herz nach mir!
> Durch Liebe sanft und tief gezogen
> neigt sich mein Alles auch zu dir.
> Du traute Liebe, gutes Wesen,
> du hast mich und ich dich erlesen.

Erst bei der näheren Beschäftigung mit ihm lernte ich: Tersteegen war tief vertraut mit der Geschichte der mystischen Frömmigkeit. Er hatte keinerlei Berührungsängste gegenüber katholischen oder orthodoxen Vorbildern. Er ließ sich anregen vom reichen Schatz mystischer Erfahrungszeugnisse aus allen Phasen der Kirchengeschichte. Er praktizierte das Herzensgebet, eine Übung der schweigenden Ausrichtung auf die Gegenwart Gottes. Kaum irgendwo ist die Ökumene so weit wie auf dem Gebiet der christlichen Frömmigkeit.[123]

Und weiter lernte ich: Mystische Frömmigkeit besteht mitnichten in einer Fixierung auf besondere Erfahrungszustände. Gerade weil die frommen Mystiker dergleichen kennen, raten sie beständig, solche Verzückungsspitzen auf keinen Fall mit der Gottesgemeinschaft insgesamt zu verwechseln. Gott bleibt in allen Erfahrungen letztlich unverfügbar. Ein begriffener Gott ist kein Gott – dieser Gedanke zieht sich durch viele seiner Texte. Wer sich auf Gott einlässt, wird nicht zuletzt auch Erfahrun-

123 Vgl. das von Peter Zimmerling herausgegebene, mehrbändige Handbuch zur Evangelischen Spiritualität, Göttingen 2017.

gen mit der Unverfügbarkeit Gottes machen. Das Leben mit Gott führt nicht einfach von Gipfel zu Gipfel. Es kennt dunkle Täler, finstere Nächte, in denen von allen Erinnerungen an die Gegenwart Gottes nichts zu bleiben scheint. Und gerade solche Phasen als Teil des Glaubensweges sehen zu lernen ist wesentlich.

Jahre später, inzwischen Pfarrer im Ruhrgebiet, kam ich auf meine Beschäftigung mit Tersteegen zurück. Es gehört ja zu den schönen wie anspruchsvollen Herausforderungen des Pfarrers, immer neue Menschen auf Höhepunkten und Tiefpunkten ihres Lebens begleiten zu dürfen und ihnen bei Anlässen wie Geburt oder Todesfall zu begegnen. An Geburtstagen wie in Krankheitsfällen jeweils angemessene Worte finden, Anteil nehmen, das ist eine anspruchsvolle Aufgabe – und eine schöne, bereichernde und erfüllende.

Mitten in der Gemeindearbeit bekamen meine Frau und ich unser erstes Kind. Schon während der Schwangerschaft wurde uns durch eine ärztliche Diagnose klargemacht, dass wir die Welt der Krankenhäuser nicht einfach nach der Geburt verlassen würden. Wir gerieten hinein in eine Kette von Klinikaufenthalten, Operationen, neuen Untersuchungen und Prognosen etc. Für lange Zeit hieß es Abschiednehmen von überwiegend sorglosen Tagen und durchgeschlafenen Nächten. Nun ging der Alltag eines Pfarrers weiter mit seinem „Freut euch mit den Fröhlichen, weint mit den Weinenden“ (Röm 12,15). Sich auf die Situation von Menschen einzustellen im Gegensatz zur eigenen Gefühlswelt, die eigenen Fragen loszulassen und das richtige Wort für den jeweiligen Anlass zu finden, das ist zu einem gewissen Maß Teil der Profession eines Pfarrers; und je länger je herausfordernder. In dieser Zeit lernte ich die mystischen Impulse von Tersteegen und anderen noch einmal anders schätzen. Ich entdeckte das Schweigen neu. Zur Mystik gehört immer schon das Bewusstsein, dass Gott niemals aufgeht in unseren Worten und Gedanken. Wir haben uns im zweiten Kapitel schon klargemacht, dass jeder Gedanke nur eine Annäherung an Gott sein kann, ein Gleichnis, ein Bild. Und mehr noch: Gott ist anders – und bleibt anders. Er bleibt unauslotbar wie unverfügbar.

Diese Einsicht war mir vertraut. Und ich merkte: In Zeiten bewussten Schweigens gebe ich ihr noch einmal anders Raum. Manchmal warnen sehr konservative Christen vor dem Schweigen als einer mystischen Technik. Auch diesem Einspruch wohnt ein Wahrheitsmoment inne: In der Tat wäre es für das Christentum ruinös, die innere Einkehr an die Stelle des Hörens auf das Wort Gottes zu setzen. Hören, Reden und Schweigen gehören zusammen. Nicht vor dem Schweigen sollten Christen Angst haben, sondern vor dem Verlust der Stille.

Machen wir uns diese Gedanken noch einmal anhand einer biblischen Geschichte deutlich (1Kö 19). Der Prophet Elia ist an einem Punkt seines Dienstes, wo es nicht mehr weitergeht. Er hat die Konfrontation mit den Baalspriestern gesucht und überstanden (1Kö 18). Nach der Auseinandersetzung auf dem Berg Karmel wird er nicht nur von außen bedroht. Er verfällt einer großen Lebensmüdigkeit. Gott nimmt sich seiner an und schenkt ihm eine ganz besondere Gottesbegegnung wie einst Mose auf dem Horeb. Diese Geschichte ist so ähnlich und in ihren Details doch ganz anders. Gott „ging vorüber" (1Kö 19,11), heißt es lapidar. Ein Sturm zieht vorüber, die Erde beginnt zu beben, ein Feuer erhebt sich. Die großen Naturgewalten ziehen an Elia vorbei, und wer mit der Geschichte Israels vertraut ist, weiß: Sturm, Feuer und Erdbeben waren am Sinai zur Zeit des Moses die Anzeichen der göttlichen Gegenwart (Ex 19,16ff.). Und was auch immer Elia sieht oder spürt, der Text sagt refrainartig nur: Der Herr war nicht im Sturm, nicht im Erdbeben, nicht im Feuer.

Und dann heißt es: „Und nach dem Feuer kam ein stilles, sanftes Sausen. Als das Elia hörte, verhüllte er sein Antlitz mit seinem Mantel" (1Kö 19,12). Dass der Herr im Sausen war – das sagt der Text nicht. Aber dass Elia sein Angesicht verhüllt, erinnert doch an Mose, als Gott an ihm vorüberzieht; also war der Herr im Sausen? Man wird das kaum anders verstehen können, und doch wird diese Erfahrung in Schweigen gehüllt, denn zu lernen ist hier das große NICHT. Nicht im Sturm, im Erdbeben oder im Feuer war Gott, seine Gegenwart entzieht sich auch sonst allen sagbaren Worten. Diese Erzählung führt an das Geheimnis heran, das uns in der Mosesgeschichte schon beschäftigt hat: Gottes entzogene Präsenz, seine offenbare Verborgenheit und sein verborgenes Offenbarsein.

In der Geschichte der mystischen oder auch der kontemplativen Frömmigkeit ist dies eine beliebte Erzählung. Sie lehrt, Gott loszulassen. Sie befreit aus einer der schlimmsten Sackgassen enger Frömmigkeit, dem Zwang, alles deuten zu müssen bzw. erklären zu können. Ja, die Welt im Glauben an Gott zu betrachten, hat damit zu tun, dass man Lebensereignisse deutet bzw. auslegt: als Gabe, als Berufung, als Mahnung etc. Doch jeder Glaube übernimmt sich, der alles, was geschieht, mit einer geistlichen Auslegung versehen möchte, als Belohnung Gottes, als Strafe Gottes etc. Im Schweigen lernen wir, offene Fragen auszuhalten, überhaupt wieder Fragen zuzulassen, zu staunen. Inmitten einer Inflation der Worte und Bilder kann Schweigen ein Weg sein, die Worte nicht ihr Gewicht verlieren zu lassen.

3. Glaube als Übungsweg

In seinem klassischen Aufsatz weist Rahner auf eine weitere Dimension hin, die die Frömmigkeit von morgen wird brauchen können:

> „Auch die Frömmigkeit von morgen ist dem Geist wahrer christlicher Frömmigkeit nur getreu und gehorsam, wenn sie den Mut zum Geplanten, Geübten, Geformten, zur ‚Übung', sagen wir kurz: zum Institutionellen hat und sich nicht in eine gestaltlose Gesinnung auflöst. Es gibt keinen Geist ohne Leib, es gibt kein ernsthaftes religiöses Leben, ohne daß der Mensch sich selbst eine Norm und Regel, Übung und Pflicht setzt."[124]

Evangelischerseits ist das Wort „Übung" negativ vorbelastet. Haben die Reformatoren nicht klar genug betont, dass Glaube ein unverfügbares Geschenk ist? Sind Übungen im Sinne eines planmäßigen und absichtsvollen Erlernens damit nicht völlig unvereinbar? In einem Brief Dietrich Bonhoeffers an seinen theologischen Lehrer Karl Barth vom 19. 09. 1936 beschreibt dieser seine Erfahrungen bei der Ausbildung angehender Pfarrer:

> „Man macht sich ja gar kein Bild davon, wie leer, wie völlig ausgebrannt die meisten der Brüder ins Seminar kommen. Leer sowohl in Bezug auf theologische Erkenntnisse und erst recht biblisches Wissen, wie auch in Bezug auf ihr persönliches Leben. [...] Der Vorwurf, das sei gesetzlich, trifft mich wirklich gar nicht. Was soll daran gesetzlich sein, dass ein

124 A.a.O., 330.

> Christ sich anschickt zu lernen, was beten ist, und an dieses Lernen einen guten Teil seiner Zeit setzt? Wenn mir neulich ein führender Mann der B. K. [Bekennenden Kirche] gesagt hat: ‚Für Meditation haben wir jetzt keine Zeit, die Kandidaten sollen lernen zu predigen und zu katechisieren', so ist das entweder totale Unkenntnis dessen, was ein junger Theologe heute ist, oder es ist frevelhafte Unwissenheit darüber, wie eine Predigt und Katechese entsteht. Die Fragen, die heute im Ernst von jungen Theologen an uns gestellt werden, heißen: Wie lerne ich beten? Wie lerne ich die Schrift lesen? Entweder wir können ihnen da helfen oder wir helfen ihnen überhaupt nicht."[125]

Es gibt keine Spiritualität ohne Übungen. Bibellesen, Schweigen, Fürbitte halten, liturgische Feiern etc. Solche Übungen leisten offenbar etwas Wesentliches. So wird ernst genommen, dass Menschen ihren Glauben nicht einfach selbst produzieren oder immer schon haben, sondern ihn gewissermaßen empfangen, ihn sich aneignen. Und solche Aneignung ist immer in irgendeiner Form die innere Verarbeitung von etwas Bestimmtem, mögen es heilige Texte oder Bilder, Orte oder Zeiten sein. Dergleichen fällt nicht vom Himmel, alle diese Mittel und Medien sind vielfältig eingebunden in die bergende wie korrigierende Erfahrung einer Weggemeinschaft.

Schließlich macht der Aspekt der Übung deutlich, dass Spiritualität nicht von punktuellen Erlebnissen lebt, sondern stets eine lebensbegleitende, auf langfristige Entfaltung angelegte Bedeutung hat. Im Kontext evangelischer Spiritualität kann Übung

---

125 Dietrich Bonhoeffer, Werke, Bd. 14: Illegale Theologenausbildung: Finkenwalde 1935-1937, München 1996, 236f.

nur eine Praxis der Freiheit sein, ein sich Einlassen auf Lebenswege, in denen es nicht um die Überwindung, sondern um die Entfaltung geschöpflichen Daseins geht.

Die Geschichte der christlichen Mystik, selbst die Geschichte der Mystik im evangelischen Raum allein, hält ein reiches Erbe vor, wenn es um die Frage geht, ob sich der christliche Glaube weiterhin verbinden lässt mit Formen persönlicher religiöser Suchbewegungen. Im Unterschied zu früheren Zeiten kann es bei solchen Rückgriffen auf das mystische Erbe nicht mehr um die Frömmigkeitserfahrungen einiger weniger gehen, die sich durch einen monastischen oder kommunitären Lebensweg zu solchen Erfahrungen freigestellt sehen. In der Moderne kommt es mehr und mehr zu einer Demokratisierung der Mystik.

Was können mystische Überlieferungen heute leisten? Die neuere Forschung zur Mystik hat eindrucksvoll viele Klischees aufgelöst, die Mystik einengten auf das Motiv eines Aufstiegs zur Vereinigung mit dem Absoluten. Solche Ideale der Vervollkommnung, die sich im schlimmsten Fall mit Ideen eines göttlichen Lichtfunkens in der Seele verknüpfen ließen, sind nur Randphänomene. Mystische Sprache zieht sich durch die ganze Frömmigkeitsgeschichte aller christlichen Kirchen. Im Kern geht es um die Erfahrung einer Polarität von Nähe und Ferne, Präsenz und Entzogenheit Gottes. Ihre Grundunterscheidung ist die von Gegenwart Gottes und Abwesenheit Gottes. Damit machen mystische Texte ein Orientierungsangebot, das offen ist für die individuelle Vielfalt religiöser Such- und Sehnsuchtsbewegungen. Neben Beschreibungen heilvoller Präsenzerfahrungen bis hin zu punktuellen Einheitserfahrungen stehen vielfältige Erörterungen über die Erfahrung der Gottesferne.

Eine der berühmtesten Quellen der christlichen Mystik hat den Titel *Die Wolke des Nichtwissens.* Dieser Text macht zunächst deutlich, dass das Bild der Wolke in der ganzen Bibel eine wichtige Rolle spielt. Gott offenbart sich nie unverhüllt. Gott begleitet sein Volk durch die Wüste – in einer Wolkensäule (Ex 13,21). Als Israel den salomonischen Tempel einweiht, heißt es: „10 Als aber die Priester aus dem Heiligtum gingen, erfüllte die Wolke das Haus des Herrn, 11 sodass die Priester nicht zum Dienst hinzutreten konnten wegen der Wolke; denn die Herrlichkeit des Herrn erfüllte das Haus des Herrn“ (1Kö 8,10-11; vgl. schon Ex 40,34). Noch die Erzählung von der Himmelfahrt Jesu endet ja mit den Worten: „Und als er das gesagt hatte, wurde er vor ihren Augen emporgehoben, und eine Wolke nahm ihn auf, weg vor ihren Augen“ (Apg 1,9). Für die Gottesbeziehung ist das wesentlich: Verhüllung, verborgene Präsenz: Gottes Gegenwart ist real wie unbeschreiblich. Mystische Frömmigkeit respektiert diese letzte Grenze im Schweigen. Das Buch über die Wolke des Nichtwissens gewinnt aus diesem biblischen Bild seine zentrale Metapher. In all seiner betenden Ausrichtung auf Gott begibt sich der Gläubige gewissermaßen in eine solche Wolke hinein. Die Wolke wird sich niemals auflösen. Und doch macht dieses Wissen die Sehnsucht nach Gott und die Suche nach seiner Gemeinschaft nicht einfach entbehrlich. Kontemplative Frömmigkeit vertraut darauf, dass Gott sich gleichwohl mitteilen kann. Darum kann es heißen:

> „Nimm den guten, gnädigen Gott in seinem Sein, wie er ist, und lege ihn gleichsam als Heilverband um dein krankes Selbst, so, wie es ist. Halte Gott einfach dein krankes Selbst hin und lass deine Sehnsucht sich aufmachen, ihn in seinem Sein zu berühren; denn ihn berühren heißt heil werden. So sagt ja die Frau im Evangelium: Wenn ich nur sein Gewand berühre, werde ich heil. Sie wurde leiblich geheilt, du aber

wirst durch diese Übung von deiner geistigen Krankheit geheilt, wenn du dich in Sehnsucht nach Gott ausstreckst, um ihn zu berühren, ihn, den du liebst. Mach dich also mutig auf und nimm diese Arznei."[126]

Dass Gott unverfügbar ist und bleibt, heißt: Es gibt keinen menschlichen Weg auf die andere Seite. Keine Methode, kein Schweigen, kein Fasten oder was auch immer macht Gott greifbar. Die andere Wahrheit ist die: Christen bezeugen wieder und wieder, mit Gott Erfahrungen der Ergriffenheit gemacht zu haben. Das Unverfügbare kann durchaus erwartet werden. Letztlich sind alle Übungen nichts anderes: gelassene Formen der Erwartung.

Dabei hat die Mystik eine lange Tradition darin, Erfahrungen innerer Leere, namenloser Angst und tiefster Verlassenheit geistlich so zu deuten, dass ihr negativer Gehalt ganz ernst genommen und nicht bagatellisiert wird, sie zugleich aber auch geöffnet werden für die Einsicht, dass auch solche Erfahrungen Teil eines religiösen Weges sein können. Der heute vielfach beklagte Erfahrungsverlust des religiösen Empfindens muss als Zeichen der Zeit ernst genommen werden. Die mystische Rede von der Erfahrung der dunklen Nacht der Sinne und des Geistes ist eine vielbeachtete Traditionsspur, die bis heute Worte dafür verleiht, das Nachlassen eigener Erfahrungen als Teil geistlicher Wegstrecke verstehbar zu machen. Der Fromme der Zukunft wird das eine wie das andere gut brauchen können.

126 Willi Massa, Wolke des Nichtwissens und Brief persönlicher Führung, Freiburg 1999, 155.

IX. Im Delta: Christentum in der Umformungskrise

Wir befinden uns inmitten einer Umformungskrise des Christentums, deren Ende nicht absehbar ist. In einer solchen Situation befindet sich nicht nur der Glaube. In seiner kurzen Geschichte des 21. Jahrhunderts beschreibt der Historiker Andreas Rödder, wie in der jüngeren Vergangenheit viele Gewissheiten über die Verlaufsrichtung der Menschheitsgeschichte geschwunden sind: „Wohin führt der Wandel der Welt? Ein Ziel ist nicht zu erkennen, am ehesten lassen sich Bewegungen und Gegenbewegungen von Entgrenzung und Begrenzung beobachten.“[127]

In früheren Zeiten gab es vielfach das Gegenüber der Mächte des Bestehenden auf der einen Seite und die in eine neue Zukunft drängenden Kräfte auf der anderen Seite. Heute konkurrieren ganz unterschiedliche Ideen von dem, was überhaupt bewahrt werden soll. Ebenso ist strittig, ob diese Welt überhaupt noch Visionen oder Utopien braucht – und in welche Richtung diese uns leiten sollen. Jede Bewegung scheint heute eine Gegenbewegung zu provozieren, jeder Trend befördert zugleich auch seinen Gegentrend. „Das historische Wechselspiel hat keine erkennbare übergeordnete Richtung, weder in den Verfall noch in eine bessere Welt. Dafür ist es voller Dilemmata und Überraschungen.“[128]

127 Andreas Rödder, 21.0 Eine kurze Geschichte der Gegenwart, München 2015, 392.

128 Ebd.

1. Das Delta

Ich möchte diese Situation und die damit verbundenen Herausforderungen einmal mehr theologisch mit Hilfe einer Metapher bedenken. Der Philosoph *Peter Sloterdijk* beschrieb einmal die Situation der spätmodernen Welt mit dem Bild eines Flussdeltas:

> „Die aktuelle Welt gleicht einem gigantischen Delta, in dem Ströme aus Strömungen ein Hyper-Labyrinth von Wasseradern mit unterschiedlichen Flussgeschwindigkeiten bilden. Das Delta ist der Raum, in dem der Unterschied von Strom und Stauung sich von selbst erledigt. [...] Alles fließt, indem alles stagniert. Ob sie in Jahrhunderten gewachsen sind oder gestern improvisiert wurden: Die Einzelkulturen im Delta werden wahrnehmbar als mehr oder weniger träge Nebenflüsse, die kurz davorstehen, sich in den Ozean der homogenisiert-diversifizierten Weltzivilisation zu ergießen. Aufgrund des Übermaßes an Zuflüssen gerinnt der Ozean zu einer undurchdringlichen Mauer. Delta und Ozean sind ununterscheidbar geworden, Strom und stehendes Gewässer ein und dasselbe."[129]

Metaphern wollen sinnvoll gebraucht werden. Im Gebrauch einer Metapher wird ein bestimmter bildspendender Bereich aufgegriffen, um mit seiner Hilfe etwas anderes ins Licht zu setzen, es besser zu verstehen. Beim bildspendenden Bereich des Flussdeltas kommt es mir auf folgende Gesichtspunkte an:

– Konfusion der *Richtung* der Wasserbewegungen. Wo ein

129 Peter Sloterdijk, Die schrecklichen Kinder der Neuzeit. Über das anti-genealogische Experiment der Moderne, Berlin 2014, 483.

Fluss, unbeschadet aller Biegungen und Wendungen, letztlich immer von einer übergreifenden Fließrichtung geprägt ist, wird es im Delta unübersichtlich. In einer Beschreibung des Nildelta heißt es: „Wie alle großen Flüsse, die durch eine Ebene fließen, wird auch der afrikanische Strom in Richtung Mündung immer langsamer. Aus der langsamen Strömung sinkt die Fracht aus abgetragenem Geröll und Sand zu Boden und lagert sich ab. Mit diesen Ablagerungen baut sich der Fluss sein eigenes Hindernis, das er umfließen muss. Das Ergebnis ist ein fein verzweigtes Geäst aus Sandbänken, Geröllhalden und Flussarmen, das zur Mündung hin immer breiter wird. Der Flusslauf verschüttet seine eigene Mündung, und das Delta ragt immer weiter ins Meer hinein: Der Fluss verlängert sich [...], wächst [...] ständig weiter ins Mittelmeer hinein.“[130]

– Unschärfe der *Identität*. Die ursprünglich klare Unterscheidung von Fluss und Ufer löst sich auf. Durch die permanente Verlängerung des Flusses ins Meer hinein ist auch die Grenze von Fluss und Meer undeutlich.

– *Beziehungen* lösen sich auf oder werden neu verknüpft. Die Verhältnisse verwirren sich: Man kann nicht mehr deutlich unterscheiden zwischen Hauptstrom, Zufluss und Seitenarm. Es kommt zu einer unübersehbaren Gemengelage von Zusammenflüssen und Gabelungen.

Peter Sloterdijk verwendet diese Metapher zur Veranschaulichung dessen, was Globalisierung mit uns macht. Einst noch halbwegs homogene Kulturen und Gesellschaften finden sich in einer Landschaft wieder, die alle bisherigen Ordnungsvorstellungen auflöst. Ich möchte diese Metapher übertragen auf die Situ-

130 https://www.planet-schule.de/mm/die-erde/Barrierefrei/pages/Der_Kreislauf_des_Wassers.html.

ation der Christenheit. Auch sie ist Teil einer globalen Situation, die die Konfrontation mit dem Fremden nicht Ausnahme, sondern Regel werden lässt. Zugleich findet dieser Prozess auch in Bezug auf die unterschiedlichsten christlichen Strömungen statt.

2. Kirchen in der Unübersichtlichkeit

Übertragen wir diese Veruneindeutigungen der Flussrichtung, der Identität und der Beziehungen auf die christliche Welt der letzten Jahrzehnte! In welche *Richtung* entwickelt sich die Welt bzw. die Christenheit? Seit den 1960er Jahren sind verschiedene christliche Gruppen durch völlig konträre Zukunftserwartungen bestimmt. Wenn wir ganz grob zwischen konservativen, linken und liberalen Strömungen im Christentum unterscheiden, ergibt sich folgendes Bild.

Konservative Kreise neigten in den kulturellen Umbrüchen der langen 1960er Jahre zu kulturpessimistischen Deutungen des Zeitgeschehens. Endzeitliteratur wurde zum Bestsellergenre des religiösen Buchmarkts. Das Ende der Welt schien nah und kam immer näher. Der Niedergang der Gesellschaft wurde im moralischen Verfall und in der Auflösung bestehender Ordnungen gesehen. Manche Gruppen verlegten sich auf eine permanente apokalyptische Warnung vor Anpassung an den Zeitgeist. Andere gewannen erhebliche Energie aus der Vision, eine missionarische Gegenkultur im Zeichen traditioneller Werte aufzubauen, eine Strategie, die mancherorts (vor allem in den USA) erfolgreicher war, als die Weltuntergangsbefürchtungen der eigenen Endzeitliteratur hätten vermuten lassen.

Liberale Theologen wandten sich ab vom Kulturpessimismus früherer christlicher Generationen. Das moderne Christentum suchte nicht nur nach einer zeitgemäßen Gestalt des Glaubens: Die aufgeklärte Gesellschaft insgesamt galt ihr als legitime Folge, ja Verwirklichung des christlichen Glaubens. Man sah, dass die Kirchen an Bindungskraft verlieren. Aber eine Katastrophe wollte man darin nicht mehr erkennen. Sehr viel christliche Substanz sei einfach eingegangen in eine moderne Kultur, die Freiheit und Würde des Einzelnen über alles wertschätzt.

Unter linken Christen war die Zustimmung für die moderne Gesellschaft deutlich geringer als im liberalen Kulturprotestantismus. Viel zu stark litt man unter ihren Krisensymptomen, der wirtschaftlichen Ausbeutung, der Umweltzerstörung und der militärischen Aufrüstung. Gleichzeitig lehnten links-progressive Christen jeden Rückzug aus der Welt entschieden ab. Diese Christen sahen sich auf der Seite der sozialen Bürgerrechts- und Reformbewegungen. Mit ihrem Einsatz für Frieden, Gerechtigkeit und Bewahrung der Schöpfung verstanden sie sich als Vorreiter des gesellschaftlichen Wandels.

Alle drei Gruppen haben inzwischen mit ihrem bisherigen Selbstverständnis ihre Schwierigkeiten. Es ist für Konservative nicht ganz leicht, die Geschichte der letzten 50 Jahre als konsequenten Niedergang aufzufassen. Zum einen sind sie selbst offensichtlich von vielen 68er-Gedanken geprägt: Werte der Authentizität, der Demokratisierung oder der Toleranz sind längst auch konservative Anliegen. Zum anderen ist es schwer, die gewachsene Verbürgerlichung der einst so gefürchteten Revolutionäre von links zu übersehen. Vor allem aber wird zunehmend unklar, an welcher Vergangenheit Konservative Maß nehmen wollen, um den Zeitgeist der Gegenwart zu kritisieren; der Welt vor 1968? Vor 1933 oder vor 1914? Vor 1848 oder gleich vor 1789? Oder vor 1517?

Liberalen und linken Christen fällt es etwas leichter, sich mit der Weltentwicklung der letzten Jahrzehnte zu arrangieren. Sie finden in der Gesellschaft positive Tendenzen (mehr Gleichberechtigung, Toleranz, Inklusion), die sie begrüßen, und sehen zugleich Fehlentwicklungen, vor denen sie gewarnt haben. Nicht übersehen können beide, dass der Beitrag von Christen für das, was heute allgemein als liberal oder links gilt, zunehmend geringer geworden ist. Religion insgesamt wurde in den letzten Jahren von vielen Menschen so wahrgenommen: wenn vital und aktiv, dann: gefährlich, reaktionär, intolerant und problematisch. Wenn liberal, progressiv und sozial, dann: nett, aber oft blass, überaltert und insgesamt auf absteigendem Ast.

So oder so: Alle christlichen Strömungen stehen heute vor Fragen der eigenen *Identität*. Wenn wir die Situation in Deutschland mit westeuropäischen Nachbarn vergleichen wie mit den Lutheranern in Dänemark, den Anglikanern in England oder den Reformierten in den Niederlanden, spricht alles dafür, dass die evangelischen Landeskirchen und die katholischen Bistümer in Deutschland die größten Abbrüche noch vor sich haben könnten. Die Selbstverständlichkeit, dass man zur Kirche gehört aus Gründen der Tradition, weil sich das so gehört, löst sich auf. Volkskirchliches Christentum hat (hatte?) seine Stärke in seiner schieren Selbstverständlichkeit. Da, wo es noch einigermaßen intakte volkskirchliche Strukturen gibt, zeigt sich die Kraft dieser Frömmigkeit in ihrer unaufgeregten Alltagsnähe als oft unausgesprochene Hintergrundgewissheit, die Geborgenheit verleiht und Orientierung vermittelt.

Strenggläubige Christen sehen manchmal in den Großkirchen nur noch strukturelle Überbleibsel einer großen Vergangenheit. Das ist so ungerecht wie unsachgemäß. Im Herbst 2017 hatten wir für einige Monate eine koreanische Gastwissenschaftlerin zu Besuch an unserer Hochschule. In Korea hatte man ihr gesagt, dass es in Deutschland fast kein lebendiges Christentum mehr gäbe und sie sich auf ein völlig säkularisiertes Missionsgebiet einstellen müsse. Am Ende ihres Aufenthalts beschrieb sie mir ihre Erfahrungen mit Deutschland. Den Eindruck, der ihr mit auf den Weg gegeben wurde, hält sie inzwischen für eine unsachgemäße

Täuschung. Ja, die Gottesdienste seien aus koreanischer Sicht grotesk selten und schlecht besucht. Und: Es hat sie tief beeindruckt, wie in Deutschland nicht nur einige wenige Menschen, sondern erhebliche Teile der bürgerlichen Gesellschaft auf die humanitäre Krise der Flüchtlingsströme reagieren. Sie bewundert die in Deutschland für viele so selbstverständliche Bemühung um die Teilhabe von Behinderten, Förderung von Kindern, Versorgung von Kranken, Bemühung um sozialen Ausgleich, Sorge um den Schutz der Umwelt. Sie könne nicht anders, als darin eine tiefe Prägung durch den christlichen Glauben zu erkennen.

Ich selbst habe dieses Christentum erst als Vikar entdeckt. Solche Volkskirchlichkeit ist lebendiger, als viele denken. Bis zur Gegenwart gelingt es vielen Kirchengemeinden, in ihrem Ort nicht nur ein Verein neben anderen zu sein, sondern ein Ort, der Menschen, Generationen und Institutionen verbindet. Diese Kirche gibt es, und es wird sie hoffentlich noch lange geben. Aber sie wird zunehmend weniger „die Kirche" vor Ort sein, sondern eine neben anderen. Und dieser ganze Trend trägt zunehmend bei zur Auflösung der einst selbstverständlichen Präsenz des Christentums in unserer Gesellschaft.

Freie Gemeinden sind von diesem Trend weniger direkt betroffen. Aber niemand kann übersehen, dass freikirchliche Gründungen in Deutschland fast ausnahmslos da stark sind, wo auch die landeskirchliche Situation noch relativ volkskirchlich ist. Gründungen in völlig entkirchlichten Gegenden haben bislang wenige nachhaltige Trendumkehrungen gebracht. Sehr langfristige Trends sprechen dafür, dass die traditionellen Kirchen weiterhin Mitglieder verlieren werden. Einiges spricht dafür, dass evangelikale Gruppen insgesamt Zuwachs haben werden. Schon die Globalisierung mit ihren Wanderungsbewegungen wird dafür sorgen.

Die *Beziehungen* unterschiedlicher Gruppen geraten dadurch in Bewegung. Von Anfang an hatte die Christenheit damit zu kämpfen, ihren Glauben an die Einheit des Leibes Jesu mit der eigenen real existierenden Vielfalt zu verbinden. Über viele Jahrhunderte war es traurige Realität, dass die Einheit der Kirche erzwungen wurde. Auch das gelang nur teilweise: Spätestens mit den christologischen Entscheidungen des 5. Jahrhunderts schieden einige altorientalische Kirchen aus der Einheit der Christenheit aus. Im 11. Jahrhundert kam es zum Schisma der West- und der Ostkirche. Spätestens mit der Reformation zogen sich Risse durch die christlichen Kernländer Europas. Grafische Abbildungen der konfessionellen Vielfalt des Christentums zeigen schon seit langem einen sich immer weiter verzweigenden Baum. Lange Zeit gelang es den katholischen und protestantischen Kirchen, in vielen Ländern eine Art Monopol aufrechtzuerhalten. Freikirchliche Abspaltungen wurden erfolgreich marginalisiert. Alle diese Versuche erzwungener Übersichtlichkeit gehören heute der Vergangenheit an. Der Baum wird zum Delta. Einst große Staats- und Volkskirchen erleben erstmals in ihrer Geschichte eine Minderheitensituation. Sie werden lernen müssen, die eigene Existenz nicht mehr als selbstverständlich anzusehen. Und mehr noch: Identität finden viele Christen immer weniger in dem konfessionellen Erbe, in das sie hineingeboren und getauft worden sind. Christen mit dezidiert lutherischer, reformierter oder gar unierter Identität sind die Ausnahme. Viele sehen sich einfach so als – Christen eben, und sie verstehen die ganze Vielfalt der Etiketten nicht. Andere sehen sich vornehmlich als: liberal oder pietistisch, volkskirchlich oder charismatisch. Und mit diesen Strömungen entstehen ganz neue Verbindungen. Pfingstlich-charismatische Christen feiern miteinander große Kongresse, ohne sich von den konfessionellen Gräben der Vergangenheit irritieren zu lassen. Frei- und Landeskirchler kommen in der Evangelischen Allianz zusammen, wenn ihnen die Beziehung zu Jesus, das gemeinsame Gebet und der Einsatz für die Mission wichtiger sind als der Stempel auf der eigenen Taufurkunde. Offizielle Vertreter der beiden großen Kirchen sind einander nicht selten näher als ihren konservativen Kritikern in der eigenen Kirche. Besonders konservative Christen, denen eigentlich die eigene Konfession noch über alles geht, lernen gleichwohl, in Fragen des Lebensschutzes oder der Stärkung der traditionellen Familie überkonfessionelle Bündnisse einzugehen. Ökumene gelingt immer mehr – allerdings auch im Plural ... Solche Sammlungsbewegungen sind Folge der allgemeinen Verunsicherung und Teil eines übergreifenden Trends: Individualisierung ist nicht mehr der alles bestimmende Megatrend, neue Vergemeinschaftungen haben Zulauf.

Nüchtern muss man sagen: Das organisierte Christentum in Deutschland lebt seit langem von der Substanz. Nach jahrzehntelanger Medienschleife à la „dem Christentum laufen die Gläubigen davon" etc. haben viele Pfarrer und Kirchenleute das berechtigte Gefühl, für den Rest ihres Lebens genug gehört zu haben vom traurigen Blues des kirchlichen Niedergangs. Sie sind es leid, sich die alltägliche Arbeit schlechtreden zu lassen. Es ist ein unsinniger Vorwurf, dass die Kirchen sich die eigene Situation schönreden oder verschleiern, gefühlt hat man bis zum Überdruss in jeden möglichen Abgrund geschaut. Aber das volkskirchliche Christentum steht nun einmal vor einschneidenden neuen Herausforderungen. Für die Katholische Kirche ist die Anfrage von keinem Geringeren formuliert worden als vom deutschen Papst. In seiner Freiburger Rede von 2011 kritisierte Papst Benedikt XVI. einen deutschen Katholizismus, der sich zwar noch im Sinne früherer Jahrhunderte einlässt auf die Herausforderungen der Moderne, aber nicht mehr die Kraft hat, diese Gesellschaft zu prägen, sondern zunehmend von ihr geprägt wird. In dieser Situation benötige die Kirche eine „Entweltlichung", eine Konzentration auf ihre geistliche Sendung. Der Papst stellte damit nicht weniger als das volkskirchliche Selbstverständnis des deutschen Katholizismus in Frage. In unserem Bild gesprochen: Wer Entweltlichung fordert, sieht im Delta eine Bedrohung für die Klarheit und Reinheit der Kirche. Für den Historiker Andreas Rödder reagierte der Papst in dieser Rede auf einen langen historischen Trend: „Die Normalitätsvorstellungen einer im 19. Jahrhundert herausgebildeten Sozialgestalt der Kirche, die auf die gesamte Breite der Gesellschaft zielt, passten nicht mehr mit den veränderten sozialkulturellen Realitäten zusammen."[131]

Ich persönlich halte dieses Stichwort der Entweltlichung für problematisch. Es kann als Aufruf zum Rückzug aus der modernen Gesellschaft verstanden werden und war sicher teilweise genau so gemeint. Aber ich sehe darin auch ein Wahrheitsmoment: Jede Kirche muss sich heute besinnen auf ihre geistliche Identität. In vielen Großstädten gehört das Christentum nicht mehr zur Mitte der Gesellschaft, sondern zur Exotik. Genau an diesem Punkt kann die Bewegung des schleichenden Niedergangs zum freien Fall werden. Mancherorts in Mitteleuropa scheinen die Kirchen diesen Punkt noch vor sich zu haben, aber nicht mehr in allzu weiter Ferne.

Freie und freikirchliche Bewegungen haben manchmal ähnliche Probleme mit Schrumpfungserfahrungen. Solche Prozesse sind für die betroffenen Gemeinden, und nicht zuletzt für die verantwortlichen Prediger und Predigerinnen, oft besonders schmerzlich. Gerade für die evangelikale Frömmigkeit ist die

131 Rödder, 131.

Versuchung nicht unerheblich, Wachstum und Erfolg sozusagen als selbstverständliche Folge bibeltreuer und missionarischer Ausrichtung zu betrachten. Umso schwieriger kann es sein, das Ausbleiben solcher Entwicklungen zu verarbeiten. Sodann geht die Neigung zu starker Profilierung immer auch damit einher, dass das eigene Profil in Abgrenzung zu anderen geschärft wird. Jürgen Mette beschreibt, wie lähmend das sein kann:

> „Das Aufbruchpotenzial ist reichlich vorhanden. Aber die verschiedenen Ströme multiplizieren sich nicht zu einem ‚mainstream', einer überzeugenden Bewässerung des trockenen Bodens, sondern sie dividieren sich in viele mehr oder weniger kräftige Rinnsale individueller Frömmigkeit, die den geistlichen Wasserstand flächendeckend kaum zu heben vermögen."[132]

In Zeiten verunsicherter Identität sinken mancherorts die Bereitschaft und die Fähigkeit, spannungsvolle Dialoge mit ganz anderen Gruppen überhaupt aufzunehmen. Die gegenwärtige Christenheit kämpft mit der Herausforderung, ihre eigene Botschaft mit Leidenschaft zu leben, ohne identitärer Verhärtung zu erliegen bzw. religiöser Indifferenz zu verfallen. In der zunehmenden Pluralisierung wird es eine bleibende Sehnsucht nach Überschaubarkeit und Identität geben. Diese wird eher weitere Profilierungen befördern und insofern aufs Ganze das Gegenteil dessen erreichen, was man sich erhofft. Denn in dieser Entwicklung kommt es zu paradoxen Effekten. Diejenigen, die sich nach der Homogenität der Gesellschaft sehnen, spalten diese tiefer als

132 Christina Brudereck, Jürgen Mette, Reformation des Herzens. Eine vierwöchige Reise zurück zu den Wurzeln, Witten 2016, 207.

je zuvor. Und umgekehrt: Wer sich um Integration der ganzen Gesellschaft bemüht, muss sich von immer mehr Menschen distanzieren, die sich durch solche Umarmungen bedroht sehen. Das Delta scheint unterschiedliche Nervositäten zu befördern, und alle Versuche der Betroffenen, Überschaubarkeit herzustellen, mehren das Chaos. Daher ist kein Ende des Deltas in Sicht. Die Welt war zwar nie so homogen, wie manche es sich im Rückblick denken. Aber schon rein quantitativ ist klar, dass die globalisierte Welt mit ihren bald acht Milliarden Menschen uns mit einer Vielfalt konfrontieren wird, für deren Bewältigung wir auf keine Vorbilder zurückgreifen können.[133]

133 Vgl. zu diesen Beobachtungen insgesamt die Studie von Andreas Reckwitz, Die Gesellschaft der Singularitäten. Zum Strukturwandel der Moderne, Berlin 2017.

3. „Chaos ist eine Leiter" (Littlefinger)

Peter Baelish alias Littlefinger gehört zu den zwielichtigsten Figuren im großen Roman- und Serienopus *Game of Thrones.* Zu Beginn des Epos lernen wir ihn als Mitglied des Kleinen Rates kennen, als, modern gesprochen, Politikberater. Im Laufe der Serie verfolgt man seine Handlungen und Wandlungen und bemerkt mehr und mehr: Der Dienst als Ratgeber im Hintergrund erlaubt offensichtlich eine besonders raffinierte Form der Machtausübung. In der 7. Staffel sehen wir ihn, wie er Sansa Stark zuraunt: „Jede mögliche Verkettung von Ereignissen spielt sich zeitgleich ab."[134] Littlefinger beschreibt, was für diese Staffel bezeichnend ist: Immer mehr gleichzeitig stattfindende Erzählfäden werden miteinander verknüpft. Alte Allianzen lösen sich auf, bzw. neue werden gebildet. Feindschaften werden überwunden oder vertieft. Und es ist alles andere als leicht, dabei noch den Überblick zu behalten. Dieser Satz bringt die Überforderungen auch unserer Zeit auf den Punkt: „Jede mögliche Verkettung von Ereignissen spielt sich zeitgleich ab." Wo kaum noch einer durchblickt, schlägt die Stunde der Berater. Littlefinger hat gelernt, das Chaos als sein Element zu nutzen. Denn das Chaos bietet unvermutete Aufstiegschancen. In einem Gespräch mit Lord Varys, einem anderen „Politikberater", bekennt Littlefinger einmal freimütig:

> „Chaos ist kein Abgrund. Chaos ist eine Leiter. Viele, die versuchen, sie zu erklimmen, scheitern. Und dürfen es nie wieder versuchen. Sie zerbrechen an ihrem Sturz. Und manchen wird die Gelegenheit geboten, sie zu erklimmen – doch sie weigern sich. Sie klammern sich an das Reich oder die Götter oder

---

134 Zweite Folge der siebten Staffel.

die Liebe. Illusionen. Nur die Leiter ist echt. Der Aufstieg ist alles."[135]

Chaos ist eine gute Zeit für diejenigen, die sich nach Aufstieg sehnen. Jede allgemeine Orientierungslosigkeit bringt Krisengewinnler mit sich. Und weil das funktioniert, weil Menschen bei Verlust ihres Überblickes geneigt sind, auf die zu hören, die noch den Durchblick zu haben vorgeben, darum ist es beizeiten so reizvoll, selbst das Chaos zu stiften oder zu steigern, die allgemeine Verunsicherung zu schüren – und dann einfache und klare Antworten feilzubieten.

In der Weltpolitik der letzten Jahre kann man diese Strategie gut beobachten. „Littlefinger" ist ein Spiegel unserer Welt. Seine Einflüsterungen bestimmen längst die ganz große Politik. Manchmal gehen religiöse Strömungen mit entsprechenden Bewegungen Hand in Hand. Nicht selten ist das große Chaos auch ein Lieblingsthema religiöser „Angstprediger"[136]. Das Perfide ist natürlich, dass das Leben im Delta dieser Taktik zuarbeitet. Im Prozess der Globalisierung werden zunehmend mono- und bipolare Weltordnungsentwürfe abgelöst durch eine neue multipolare Unübersichtlichkeit. Die gleichzeitige Ausdifferenzierung politischer, ökonomischer, religiöser, ästhetischer etc. Sphären steigert gleichzeitig Diffusionen und Profilierungssehnsüchte. Das passiert im Großen und Ganzen und auch in der Christenheit.

Das Prinzip Littlefinger ist verführerisch und gefährlich. Der Glaube an Gottes Führung vermag in keiner Weise auszu-

135 Sechste Folge der dritten Staffel.

136 Das gleichnamige Buch von Liane Bednarz von 2018 bietet diesbezüglichen Anschauungsstoff.

schließen, dass in ungünstigen Konstellationen die schlimmsten Unheilsweissagungen noch übertroffen werden. Das hat das 20. Jahrhundert hinreichend bewiesen. Der unberechenbare Faktor sind kontingente Katastrophentrigger, wie sie historisch im Attentat auf Franz Ferdinand am 28. Juni 1914 vorlagen, im Reichstagsbrand 1933 oder in den Anschlägen des 11. September 2001 auf das World Trade Center und das Pentagon. Solche Ereignisse beschleunigen und produzieren politische Entwicklungen oftmals in radikaler Weise. Sie wirken vor allem da fatal, wo das soziale Immunsystem dieser Welt beschädigt ist. Die Frage ist ja, wie eine polarisierte Gesellschaft mit Katastrophen umgeht, mit Ereignissen, die schockieren und radikalisieren. Wut und Hass sind leicht erregbar, und die Frage an das soziale Immunsystem einer Gesellschaft ist stets, wie weit Menschen sich noch einer möglichen Aggressionsbeschleunigung durch Schockereignisse entziehen können, wenn es hart auf hart kommt.

4. Zwischen Quelle und Mündung

Identitätsfragen sind zurück. Wie beantwortet man sie? Radikal vereinfacht kann man sagen: Identität stellt sich ein, wo man seine Geschichte erzählen und die eigenen Ziele definieren kann. Wo komme ich her? Wo will ich hin? Wen diese Fragen aus der Bahn werfen, der hat ein Identitätsproblem. Identität entsteht im Erzählen und im Träumen, sowohl beim Einzelnen wie in einer Gemeinschaft. Und gerade da, wo diese Frage individuell so schwer zu beantworten ist, sind Gemeinschaften attraktiv, die Identität per Zugehörigkeit versprechen.

Menschen erzählen sich und anderen immer wieder ihre Geschichte, weil sie sich ohne ein lebendiges Verständnis ihres eigenen Weges zu verlieren fürchten. In vielen Religionsgemeinschaften haben daher Rückbesinnungen auf den eigenen Ursprung große Bedeutung. Die Anfänge, die ursprüngliche Sendung, werden als Gegenmacht beschworen gegenüber der unübersichtlichen Gegenwart.

Die Frage nach der eigenen Identität ist wesentlich. Und zugleich muss sie geschützt werden vor einer identitären Versuchung des Christentums. Das Stichwort „identitär" ist in den letzten Jahren von neurechten Gruppen verwandt worden, die eine Rückbesinnung auf das jeweilige Wesen einer Nation oder einer Kultur einfordern. Dabei hängt man der Vorstellung an, es gebe einen überzeitlichen Kern des Eigenen, eine je besondere Wesensart, mit der man sich selbst identifizieren und von der man andere entsprechend ausgrenzen kann. Die religiöse Entsprechung wäre: die eigene Christlichkeit als Verwirklichung des wahren Glaubens aufzufassen, sich von anderen Christen hingegen als falschen Christen radikal zu distanzieren.

Ich halte das für eine Illusion, als könnte man einfach hinter den Verlauf der Geschichte zurückgreifen und sich selbst als eigentliches Ziel der Quelle ausgeben. Es gibt zwei interessante Jesusworte, die ich an dieser Stelle miteinander zitieren möchte:

> „Denn wer nicht gegen uns ist, der ist für uns“ (Mk 9,40).
> „Wer nicht mit mir ist, der ist gegen mich; und wer nicht mit mir sammelt, der zerstreut“ (Mt 12,30).

Mk 9,40 lese ich als Einspruch gegen jede identitäre Versuchung, den eigenen Weg ausschließlich in Abgrenzung und Gegensatzbildung zu betonen. Mt 12,30 hingegen lässt sich verstehen als Widerspruch gegen jede indifferente Versuchung, die glaubt, jeden Konflikt durch Vermeidung von Auseinandersetzung bewältigen zu können.

Warum man einen großen Gott nicht klein denken kann, lautet der Untertitel dieses Buches. Leider kann man das ja durchaus, tatsächlich geschieht es unentwegt. Dass Gott größer ist als das jeweils eigene Bild von ihm, größer als die ihn betreffenden Konzepte der eigenen Gemeinschaft – das muss man lernen. Und man lernt es in diesem Leben nicht aus.

In vielen Bereichen der Gesellschaft lässt sich eine regelrechte Tribalisierung, eine neue Stammeslogik, beobachten. Identität suchen und finden Menschen in Gemeinschaften, die sich entschieden zusammenschließen und die nichts so sehr verbindet wie die Abgrenzung von „den anderen“. Das betrifft auch das Christentum.

Was wir brauchen, ist eine Besinnung nicht nur auf den Anfang der eigenen Geschichte, sondern auf den unverfügbaren Ursprung. In Christus finden wir Gottes letztes Wort. Er ist das Bild des unsichtbaren Gottes, der Sohn, das Wort, Grund und Maß all unserer Worte und Gedanken über Gott. Und von ihm her verstehen wir uns richtig: als geliebt in Christus, gesandt durch Christus. Und von ihm her werden alle Fragen nach unseren Zielen noch einmal überboten durch den Horizont, in den Gott uns hineinstellt: den Horizont des Reiches Gottes. Daran gilt es immer wieder Maß zu nehmen:

> 31 Ein anderes Gleichnis legte er ihnen vor und sprach: Das Himmelreich gleicht einem Senfkorn, das ein Mensch nahm und auf seinen Acker säte; 32 das ist das kleinste unter allen Samenkörnern; wenn es aber gewachsen ist, so ist es größer als alle Kräuter und wird ein Baum, dass die Vögel unter dem Himmel kommen und wohnen in seinen Zweigen. 33 Ein anderes Gleichnis sagte er ihnen: Das Himmelreich gleicht einem Sauerteig, den eine Frau nahm und unter drei Scheffel Mehl mengte, bis es ganz durchsäuert war (Mt 13,31-33).

Beiden Gleichnissen ist eine Reihe von Gedanken gemeinsam. Zu Beginn sind es kleine, unscheinbare Anfänge. Das Reich Gottes, die Herrschaft und Gegenwart Gottes, kommt, ja, ist nahe hergekommen, so lautet die zentrale Botschaft Jesu. Seine Durchsetzung liegt in der Zukunft. Aber jetzt schon beginnt etwas. In Jesu Worten und Taten, in der Verkündigung der Nähe Gottes, aber auch in der liebenden Zuwendung zu den Kranken, Armen und Ausgegrenzten, da wächst etwas heran. Und was da heranwächst, ist heilsam wie ein Schatten spendender Baum. Das Reich Gottes ist eine Botschaft der Hoffnung – für diese Welt und ihre Menschen. Auffällig bei beiden Gleichnissen ist: Sie sind frei von Aufforderungen und Anweisungen. Die Hörer dieser Bilder müssen sich nicht zu irgendetwas aufgefordert sehen, weder zum Begießen der Saat noch zum Kneten des Teigs. Diese Bilder sind auch nicht implizit Handlungsanweisungen, sondern Sehhilfen:

Das Reich Gottes kommt. Es wächst, es gedeiht, Wandel hat begonnen und setzt sich fort.

Wer an die Verheißung dieses Reiches glaubt, gewinnt auch neue Bilder von sich selbst. In der Bergpredigt finden sich zwei grundlegende Bildworte für die Gemeinschaft der Jünger Jesu:

> 13 Ihr seid das Salz der Erde. Wenn nun das Salz nicht mehr salzt, womit soll man salzen? Es ist zu nichts mehr nütze, als dass man es wegschüttet und lässt es von den Leuten zertreten. 14 Ihr seid das Licht der Welt. Es kann die Stadt, die auf einem Berge liegt, nicht verborgen sein. 15 Man zündet auch nicht ein Licht an und setzt es unter einen Scheffel, sondern auf einen Leuchter; so leuchtet es allen, die im Hause sind. 16 So lasst euer Licht leuchten vor den Leuten, damit sie eure guten Werke sehen und euren Vater im Himmel preisen (Mt 5,13-16).

Beide Bilder machen deutlich: Jesu Jünger sind Teil dieses Prozesses, in dem die Botschaft des Reiches Gottes heilsame Veränderungen anstößt. In der Gemeinschaft der Glaubenden wird etwas erfahrbar von Licht, Wärme und dem Geschmack einer neuen Welt. Auch hier findet sich keine Anweisung, salzig oder hell zu werden. Wer auf diesen Jesus hört und sieht – der ist Salz und Licht. Bei beiden Bildern fügt Jesus eine Gefahr hinzu: Das Licht unter dem Scheffel steht offensichtlich für die Gefahr eines Rückzugs in die Nische, der verzweifelte Versuch, in irgendeinem Winkel nur für sich zu scheinen. Beim Salz wird eine andere Gefahr beschrieben: dass es unsalzig wird. Auf der Ebene des bildspendenden Bereichs ist dies chemisch eigentlich nicht denkbar. Dieser paradoxe Umstand macht das Bild so ausdrucksstark. Jesus spielt offenbar auf eine auf der Bildebene unmögliche

Möglichkeit an, dass das Salz vergisst, Salz zu sein. Salz kann seine Bestimmung nur verfehlen, wenn es nicht eingeht in andere Gerichte. Es muss sich mit ihnen verbinden, seine Gestalt auflösen und verwandeln lassen, und so wird es seiner Bestimmung als Gewürz gerecht.

Diese vier Metaphern möchte ich lesen als Bilder der Ermutigung in Zeiten des Deltas. Es gibt kein Entkommen aus dem Delta. Man muss sich seinen Herausforderungen stellen, und das heißt stets: seine Gefahren nüchtern wahrnehmen – seine Chancen beherzt ergreifen. Was Karl Rahner vor über 50 Jahren riet, ist heute noch hilfreich:

> „Man muß die Situation dieser Unruhe annehmen, in Geduld tragen und langsam zu verstehen und zu bestehen suchen, damit die Kirche das wird, was sie sein muß. Auch die Kirche kann sich die Situation ihres Lebens nicht auswählen. Sie wird ihr gegeben, und so ist es gut."[137]

Unsere Situation des Deltas im Sinne eines unübersehbaren Pluralismus ist für unseren Weg bis auf Weiteres bestimmend. Das Delta geht mit Chaos einher, mit der Auflösung bisheriger Eindeutigkeiten.

Bislang hatten wir die Metapher des Deltas dazu verwendet, für den Eindruck wachsender Unübersichtlichkeit etwas Anschauliches zu finden, ein Bildmaterial, das unterschiedliche Seiten einer chaotischen Gemengelage beschreibbar macht. Fügen wir eine letzte Wendung hinzu. Der bildspendende Bereich, das Flussdelta, zeichnet sich nicht zuletzt durch ungeheure Fruchtbarkeit aus. Im Delta lösen sich nicht nur frühere Strukturen auf,

---

137 Rahner, 326.

Neues entsteht. Dieser neue Landschaftsraum ist voller Möglichkeiten. Das Neuland ist nicht nur fremd, sondern auch fruchtbar. Jede Krise hat ihre Chancen. Wo Christen Maß nehmen an biblischen Bildern des Reiches Gottes bzw. der Jüngerschaft, Salz und Licht, Senfkorn und Sauerteig, da gewinnen sie eine Perspektive der Hoffnung. Es gibt so etwas wie das Problem der verspäteten Hoffnung bzw. auch der verspäteten Feindesliebe. Manchmal neigen auch fromme Menschen dazu, die Lage in düstersten Farben zu malen, über diejenigen, die man als Gegner empfindet, nur in grotesker Verzeichnung zu reden und die Frage nach eigenen Anteilen an einer schwierigen Gemengelage erst gar nicht aufkommen zu lassen. Wenn dann nachträglich davon die Rede ist, man müsse gleichwohl Hoffnung behalten, die Gegner auch mit Feindesliebe betrachten – dann ist es dafür schon zu spät. Schon in die Wahrnehmung der Wirklichkeit muss etwas Hoffnung einfließen, schon die Beschreibung unterschiedlicher Gruppen muss von dem Bemühen getragen sein, das vielleicht berechtigte Anliegen der jeweils anderen gebührend zu würdigen. Wer seinen eigenen Weg unter der Verheißung sieht, Salz und Licht für das Ganze zu sein, wird notwendig fragen: Wo kann ich dazu beitragen, dass die Verwerfungen unserer Zeit nicht eskalieren? In welche Richtung muss ich mich verändern lassen, damit dieses Delta ein fruchtbarer Ort werden kann?